絕不同歸於盡

鄭浪平
余保台　合著

序

假如台灣人不能勇敢的為自己決定歷史，那麼歷史將無情的替台灣人決定命運，假如中國人不敢負起統一與復興的責任與挑戰，那麼中國將可能會再度走上衰亡分裂的危機。

這本書只是想要回答《一九九五年閏八月》所提出的問題：歷史正等著兩岸做出重大的決定，這個選擇將會改變台灣、中國，乃至於二十一世紀的全世界。

本書的統獨觀點明確，因為台灣所有的問題，根本離不開兩岸。同樣的，中國大陸想要避開統獨，根本只是迴避問題，而不能解決問題。本書不在乎遭到政治標籤的攻訐，只在乎台灣的安危與中國的未來，因為兩岸的問題必須要解決，但我們不知道，歷史還會給兩岸多少的時間與機會，來和平解決台海危機？

致讀者：這一次本書不但提出了警訊，也提出答案，雖然您不一定認同這個答案。

前言

對於即將進入二十一世紀的世界而言，海峽兩岸的和戰關係，將會成為影響全球歷史變化的中心。假如兩岸能夠走上和平統一之路，那麼一個比美漢唐盛世的中國人的世紀，將會在兩岸人民全力合作之下，逐漸躍升在全球歷史的舞台之中，整個東亞都將慢慢地納入中國統一與復興之後的經濟圈、文化圈。

這樣，中國將有能力向西復育廣闊的中華文明發源地，向東進入全球最大的太平洋世紀，而東北亞與東南亞的各國，都將成為中國政治經濟外緣的盆地。歐亞新絲路的復生、西伯利亞的開發、海洋世紀的來臨，都將是指日可待的榮景。更為重要的是，台灣將集中國所有的精華成就，躍升成為太平洋之珠。

但是，假如兩岸關係惡化到引爆大陸與美國的戰爭衝突，那麼戰禍可能產生最壞的影響，將會波及整個東亞，乃至於太平洋國家，而造成一個全球經濟大蕭條的歷史危機，台灣必將是浴血的主戰場與遭到徹底破壞的災區。

而決定這個歷史和戰變局發展的力量，主要將是台灣人民的選擇。假如台灣人民主動棄絕台獨，勇敢而智慧地與中國大陸進行和平統一的交流與談判，兩岸的危機將會煙消雲散，兩岸的生機則處處可見。假如台灣人民任由台獨政客挾持成為政治人質，那麼兩岸的軍事衝突，恐怕最終將會難以避免。最壞的狀況是，台灣將會與台獨同歸於盡。

當二〇〇〇年七月九日，陳水扁喊出：「要死大家一起死！」的威脅之時，正好點出台獨要台灣人民與其同歸於盡的真相！不管陳水扁的大陸政策身段有多麼的「軟弱」，並不會改變的是陳水扁反對統一的政治本性。更糟的是，陳水扁過於自信其「欺騙」中國大陸的招數，因此，他仍然大膽的運作暗獨政策，認為台獨終將可以瞞天過海的僥倖成功。而陳水扁根本沒有從大歷史的潮流看到，台獨正在將台灣推向歷史滅頂的危機之中。

因此，兩岸目前是處在歷史千鈞一髮的關鍵時刻，而「絕不與台獨同歸於盡」是絕大多數台灣人民共同的心聲，憑什麼要台灣人民與陳水扁同歸於盡？台灣人民選出陳水扁來出任中華民國總統，是要陳水扁為他們解決問題，以期百姓能夠活得更好，而絕不是要台灣與台獨同歸於盡。假如中華民國的總統陳水扁，真的要把中華民國台獨化，把台灣帶上絕路，為了疼惜台灣，陳水扁應該辭職以謝國人，台灣人民可以另外選出領袖，帶大家走出活路。

在歷史中生生不息的台灣人，不但經過了不斷的歷史風雨考驗，甚至還能克服危機獲得許多重大的成就，因此，台灣人要活下去！絕對不要與台獨同歸於盡，台灣人民在這點上，絕不讓步！

目前台灣在面對中國大陸全面的發展與復興的歷史契機之前，台灣人民正遭逢一個千年才有的歷史發展機遇。台灣在中國歷史大復興的歷史前景下，已經先馳得點，建立自由經濟與民主政治的制度，在這個中國復興的歷史機遇之下，台灣將是中國歷史復興大業的旗手與推手，台灣會發展成為中國的太平洋之珠。因此，在中國歷史盛世的躍升中，台灣人民將有機會活得更好，台灣人民將有權利活得更為尊嚴，台灣人民絕對沒有理由與台獨同歸於盡！

以客觀的角度分析，兩岸的未來走向不管是統一還是分裂，對於台灣人民而言，最為重要的事，就是深入的瞭解中國大陸，因為台灣若是要與中國大陸進行統一的談判，那麼兩岸統一的方式、時間與過程，都要基於台灣對中國大陸深入的瞭解，才能做出最為有利於兩岸的安排。假如台灣拒絕統一而選擇台獨，那麼台灣人民恐怕更要充分的瞭解中國大陸的變化與反應，因為台灣若是選擇獨立，必然會與中國爆發歷史決裂的衝突，主張分裂的台獨能夠不瞭解比自己強大百倍的「敵人」嗎？

不幸的是，目前兩岸的關係是如此的密切，但是台灣人民卻對於中國大陸的發展、中國大陸人民的想法、中國大陸政府的決策方向，幾乎完全的缺乏瞭解。的確，台灣是一個資訊絕對開放的社會，但也是一個思考絕對封閉的結構，「以台獨看天下」的民粹主義成見，帶領台灣走向與台獨「同歸於盡」的絕路。

台灣人民從來沒有認真的想過，台獨不但沒有根，也沒有未來，國際強權只是利用台灣製造兩岸兄弟相殘的歷史大悲劇。而中國大陸在未來的十年之內，就將躍升成為超越日本接近美國的超級大國與軍事強國。甚至在目前，台灣的經濟實際上已經開始納入中國的市場範圍之中，台灣未來（指五年不到的時間）產業的主要生產地點，無論是傳統產業還是高科技產業，全都要在中國大陸生根發展，在這個前提之下，台獨政客還要把中國大陸當成敵人，挑戰中國的領土主權完整，豈不是要自尋死路？

在戰略的觀點而言，中國大陸是一個世界級的軍事強國，這點幾乎沒有任何的疑問。在總體國力方面，世界銀行估計大陸的實質國民生產達到四兆美元，與日本只有一線之差，居全球第三；中國大陸的國防實質支出七百五十億美元（美國國防部的估算），是全球第二；中國大陸的外匯存底一千五百億美元，也是全球第二；大陸的總軍力二百五十萬人，全球第一，中國大陸有全系列的導彈與人造衛星、有極為嚴密的國防與民防體系，更擁有最具開發潛力的市場。在人力素質方面，中國優秀的人才與培育更是不在話下，在國際上，大陸是聯合國安理會的常任理事國。假如兩岸統一，加上台灣的實力與成就，兩岸的新中國發展，豈只如虎添翼而已，簡直就是潛龍升天。

近兩百年來，中國大陸全體人民有著長期抵抗外侮的血淚紀錄，因而產生一種全民族同生共死的歷史情感，而台灣是中國全體軍民在抗日戰爭中，以三千多萬條性命的鮮血代價，所贖回的寶島。請問在這種情形下，要想中國人民接受台灣的「獨立」，可能性有多少？假如兩岸不能統一，中國過去一百多年的血淚悲情的歷史，將永遠無法翻過中日甲午戰爭的這一頁，那麼十三億的中國人（包括全球華人）將何以面對歷史？

無論從歷史、法律與國際社會承認的基礎而言，台灣是中國絕對不可分割的領土。因此，任何人要想促成台灣獨立，就是要侵略中國的領土，而台灣的戰略地位重要，事關中國的國家安全、民族利益與歷史責任，這一代的中國人絕對不會接受再一次喪權辱國的歷史紀錄。中國人民也不會容忍這種分裂兩岸的歷史挑戰，因此，不管將會付出多少代價，中國都要保住台灣這顆中國的太平洋之珠。

台灣人民要清楚的瞭解，中國大陸堅持一個中國的原則（其實這也是中華民國的根本原則)，要追求兩岸統一，絕對不是過去共產主義政府要「解放台灣」的政策考量，而是代表兩岸與全球絕大多數中國人民根本的立場，要兩岸統一，共創中華的歷史新頁。

是的！台灣人民至今忘不了冷戰時代，飽受戰爭威脅的歲月，目前也無法接受中國大陸共產黨政府的統治，這點是中國大陸必須理解與尊重的地方。但是，現在兩岸的歷史已經發生了重大的改變，今天台灣人民應該可以站起來了，走出冷戰時期自閉式的政治洗腦，看看真實世界的變化。若仍是昧於中國復興的歷史潮流，反而要逆流而行，台灣將會被這股歷史洪流所淹沒。

事實上，多數的台灣人民，至今沒有認同台獨的主張。因此，台灣人民出現了所謂「維持現狀」的共識，這個政治與民意的選項，卻被台獨政客惡毒地變成一個最好利用的工具。因為「現狀」只是時間上「瞬間」，它可以繼承過去，也可以改變未來，現狀根本不可能維持，因為它立刻就會成為過去。其實，對絕大多數的台灣人民而言，所謂「維持現狀」其實是「維持過去」的同義詞，就是繼續保持中華民國原有的體制與名稱，其目的就是堅持原本一個中國的原則，反對台獨，追求統一。假如真的要搞台海分裂，幹嘛還要維持一個大中國的國號，與台灣畫地自限的獨立格局，形成名不正、言不順的矛盾。

但是，對於台獨的政客而言，「保持現狀」就是悄悄的在「改變過去」，現狀當然可以和過去有所不同，因此，陳水扁執政的「現狀」，就不是李登輝執政的「現狀」，更絕對不是兩位蔣總統時代的「現狀」。台灣人民所要保持的「現狀」，近年來一直在偷偷地改變之中，更危險的是，一直在向台獨與分裂方向傾斜，只是台灣人民沒有從歷史變化的趨勢，來看台灣「現狀」的真正變化，還以為自己仍然在保持「與過去一樣的現狀」。但是對於中國大陸或是全球的華人而言，很清楚的是，現在的中華民國早已不是過去的中華民國；現在的中華民國，已經進入與中國分裂的歷史與政治新階段了，她離台獨的事實只不過是一個名稱的改變而已。

事實上，今天的台灣早已在「維持現狀」的民意之下，由台獨的民粹主義政客偷天換日，發生了根本的改變，正如李登輝所說的「中華民國已經不是中華民國」

了，它是第二共和的「台灣中華民國」，它已經切斷與中國原本一體的關係，只以台澎金馬做為自己國家主權的空間，兩岸成為兩國。既然成為兩國，兩岸就不再有兩岸統一的問題，只有兩國交流的問題，台獨在中華民國的名稱之下，正在全力建立台獨的主體意識，台獨正努力的將「中華民國」與中國劃清界線。

非常可笑的是，捍衛中華民國的最高安全單位國安局，居然向一群不承認自己是「中國人」的官員，報告有關中華民國的安全機密，這些負責保衛中華民國國家安全的情治人員，竟然沒有看清這些接受安全簡報的官員首長，個個都是推翻中華民國的負責人。連中華民國的情治首長都渾然不覺「台獨已經篡奪中華民國」歷史巨變的發生，他們還沉醉在冷戰時期「中共謀我日亟」的歷史考古情結中，那麼更難怪一般台灣人民仍摸不清中華民國本質變化的真相了。

本土化民粹主義的台獨情結，扭曲了台灣人民對於自己歷史根源的認知，更威脅到台灣未來的前景。台獨情結把「恐共」變成「反中」，把「反共」變成「仇華」，把「民主」變成分裂國土、切斷歷史的工具。一旦否定了中華，台灣人民也就開始失去歷史的自我定位；與中國大陸分離、對立，台灣人民也就掌握不到歷史的未來發展。

如此一來，台灣在國家認同上，已經發生實質的變化，陳水扁與李登輝的「現狀」，已經完全不同於蔣總統的「現狀」。在台獨的觀點，目前的中華民國事實上已經不再是中國，在台灣的中華民國本質，已在全方位的台獨化。這就是目前兩岸歷史衝突危機的根本原因所在，在台獨政府的操縱下，「中華民國」竟成為分裂中國的工具與符號，那麼兩岸不可能避免的，就是統獨最終的歷史衝突。

問題是，難道兩岸一定要走上正面的軍事衝突嗎？台灣人民所恐懼的共產主義政權，事實上已經發生了根本的轉變，中國文化的力量已經將共產黨執政，轉變成為建設中國的力量，目前中國大陸全方位的進步，大幅度的開放，絕對就是一個「非共化」的事實證明。

試想中國大陸全面歡迎台胞「反攻大陸」，歡迎全球的資本家、企業家、科學家、教育家甚至夢想家（他們都不是共產黨員）到中國大陸發展，包括台胞、港澳同胞、外僑、外國留學生，目前總共多達百萬人在中國大陸境內生活與工作，還有每年超過六千萬的觀光客進出中國大陸，這些人帶進中國大陸的，不只是資金，也是世界主流的資訊與觀念。同樣的，中國大陸每年允許兩萬精英學生出國留學，一千萬人出國觀光、探親與考察，這些人也一樣接觸到世界主流的資訊與觀念（就連江澤民與許多領導人的子女，也留學外國，知道中國的國情與世界真實的變化），這些人就是中國大陸徹底改變的動力。

因此，中國正在變化，一個獨裁專制的政權是不會這樣開放的來毀掉自己，所以更為正確的說法是，目前的中國大陸政府，是一個在歷史條件限制之下，力求改變與進步的政權。因為中國大陸政府要設法在現階段的歷史條件與時空環境中，找出能夠讓中國發展、人民富足的最佳方法。因此，哪個方法能夠救中國，中國就走哪條路，而改革的基本前提是，政策運作不能超出歷史條件限制的極限，否則中國就會再度陷入革命混亂的歷史悲劇之中。

民主政治當然是一個普世的標準，但民主政治的形式與表現，正如其本質一樣，必須尊重多元性的差異。最為重要的是，它在特定社會歷史條件限制下的「可行性」如何？因為就算再理想的制度裏，一旦超越歷史條件的限制而強迫實施，反而會成為洪水猛獸一般可怕的暴政。看看馬克思主義的超歷史理想裏，最終連政府都成為「不必要的組織」，但是，在歷史條件的限制下，沒有政府與國家，能行得通嗎？行不通又要強迫做，歷史的悲劇就發生了。

所以，當前的中國，絕對不是實施共產主義的獨裁政權，只是一個在歷史條件限制之下，設法追求中國進步與發展的政權，雖然她有著沉重的歷史包袱，現狀也有極多需要改進的地方，但是她卻真的在不斷進步。中國大陸的改革需要台灣的幫忙，台灣是中國最有成就的地方之一，中國要設法保存台灣的成就，因為台灣今天許多的成就，將來也有可能轉化成為中國大陸發展的方向。

依據兩岸的軍力對比與戰略的架構而言，兩岸若是爆發軍事衝突，台灣絕對是處在內線作戰的局勢，也就是說，在兩岸的戰爭中，台灣必定是「決戰境內」。無論有沒有國際強權的介入，也無論戰爭的勝負，台灣必然是戰區與災區，而且是國際強權介入越深，台灣戰爭的災情就越重。這點台獨的政客似乎沒有清楚的告訴台灣人民，我們由此也就可以看出，台獨政客是極不誠實的。

由於中國大陸絕無可能放棄台灣，因此台獨必將會給台灣人民帶來歷史上的災難。台獨又設法切斷台灣人民歷史的根源，讓台灣活在沒有根的歷史潮流之中，找不到自我歷史的定位。台獨危及兩岸的和平與發展，讓台灣陷入危機四伏的洪流之中掙扎，它也斷送了台灣人民未來廣闊的發展空間，讓泱泱大中華的台灣子民，淪為「島國」國民，不但心胸褊狹，命運也變成極不確定，在焦慮中，日夜期待國際強權「關愛的眼神」，時時擔心自己受到出賣，這難道是台灣人民甘心接受的命運嗎？

有人說統一不是台灣人民的民意所趨，說統一是強人所難，其實都是政客的狡辯而已。對於中華民國的人民而言，回歸中國的統一，根本就是理所當然的事，對於中華民國總統陳水扁，恪遵憲法追求統一更是其職責所在。假如有台灣人不想做中國人，當然可以移民，假如陳水扁真的不願履行中華民國總統的責任，也可以請辭。假如台灣不是中華民國的領土，而是台灣共和國的領土，那麼台灣人當然有權拒絕統一；假如陳水扁不是中華民國的總統，而是台灣共和國的總統，那麼統一對陳水扁絕對是強人所難。

問題是，陳水扁正是中華民國的總統，那麼兩岸統一的原則還存在什麼問題？真正的問題只在於陳水扁的心裡是要搞獨不要統，陳水扁只想做一個先要討國際強權滿意的「不能做主的總統」，因此統一才會成為今天兩岸針鋒相對的衝突焦點。

從目前兩岸已經陷入完全沒有互信的狀態而言，我們可以說，歷史已經進入接近衝突的臨界狀態，隨時可以爆發衝突，中國大陸在弄清楚台獨的拖延戰略之後，是不會坐視國家民族的大義喪失，「晚打不如早打，被動不如主動」，兩岸繼續僵局的時間絕對有限，台灣人民是到了該決定自己命運的關鍵時刻了。

台灣人民在過去五十年來，所展現的生命力，正是證明台灣人民是一個偉大民族的後代，不是無根的島國民族，台灣人民絕對不甘心與台獨同歸於盡，那麼台灣人民請注意：歷史第一次將決定台灣命運的權力，放在台灣人民的手中，中華民國的台灣人民有權可以剷除台獨，迎向兩岸和平，加速中國的復興，共享中國光明的未來。當台灣人民做這個歷史決定的時候，絕對不會感到孤單，因為全球的華人，都在支持與期待台灣人民正確的歷史抉擇。

目　錄

1 台灣陷在歷史洪流中掙扎

當台獨把中國復興的歷史潮流，當成抗拒的洪流之時，台灣面臨滅頂的危機。

相信所有的台灣人民，永遠不會忘記二〇〇〇年七月二十二日，發生在八掌溪的人命悲劇，在電視的直播中，困在急流中的四個台灣人民，在希望與絕望中，苦苦的掙扎了三個小時，岸邊盡是呼天喊地的台灣人民與束手無策的救援者，電視旁全是焦急祈禱的關心者，全台灣的人民幾乎都激動了起來，但是陳水扁虛構的「全民政府」，卻在人民最爲需要它的時候自行的消失了，最後根本沒有救援出現。台灣人民聲音喊啞了，淚水乾了，但是四條活活的台灣人命，就在全球的電視機前，被洪流所吞沒，台灣之子陳水扁，根本沒有出現在台灣人民的苦難之中，而所謂的全民政府神話破滅，只剩下台灣人民痛心的血淚記憶。

台灣陷入歷史的洪流之中

爲什麼八掌溪事件會激起台灣人民如此發自內心的認同與憤怒呢？主要的原因是，台灣人民從四位工人在八掌溪的洪流中，掙扎待援的無助場景，同樣看到全民政府在政治洪流中，無助掙扎的影子，進一步，台灣人民更依稀的看到，整個台灣也是在歷史存亡潮流中掙扎的現況。而台灣所有的危機，全民政府所有的問題，追根究底而言，都是陳水扁繼續發揚「形統實獨」的李登輝政策路線所帶來的致命禍害。因爲這個政策，將台灣推向與中國復興歷史潮流的衝突結構之上，整個台灣陷入了中國歷史復興的洪流之中，隨時會遭到滅頂的災難。

台獨絕非台灣人民本土化的選擇，因爲台灣人民越是深入本土化的自覺，越會發現自己的根源，無論是血緣還是文化都來自中國大陸；台灣人民越是能以歷史的角度觀察，越會發現自己的過去、現在與未來，與中國大陸是息息相關的生命共同體。否認中國，就是切斷台灣的根，敵視中國，就是毀掉台灣的前途。

台獨來自國際強權的運作

台獨的產生是來自外國勢力的影響與干預，台獨是日本五十年統治以及台海五十年分裂的結果，若是沒有日本佔領台灣五十年的奴化統治，國共內戰再怎樣對立，也不會有台獨的問題發生。台海分裂在表面上是國共內戰所造成的，其實更大的原因是，美國政府在一九五〇年六月二十七日（韓戰爆發的第三天）正式宣佈協防台灣海峽，從此兩岸的分裂，就不再只是國共內戰的問題，而是成爲全球冷戰結構的一部分，仇視中國大陸（以反共爲名）也就成爲台灣半世紀的國策。

縱然冷戰早已結束，但是國際強權絕對不願兩岸統一，讓中國進入太平洋世紀而騰飛，因此，在國際強權的暗中支持下，各種形式的台獨紛紛的出籠，其根源都與外國分裂兩岸的戰略架構有關。特別是日本對於台灣與中國的統一，更是有著歷史性的恐懼，因爲中國一旦控制台灣海峽，因爲中國一旦可以直接進出太平洋，日本唯一的命運，就是回到歷史的傳統結構，成爲中國政治、軍事與經濟的附庸。這就是二〇〇〇年八月三十日，日本外相河野平洋在中國大陸中央黨校發表重要演說時，公開承認「台海和平，攸關日本的生死存亡」。

基本的事實是，歷來的中國大陸政府與台灣的蔣總統時代，從來就沒有忘記兩岸統一的歷史責任攸關中國的興衰，就連八二三金門砲戰，根據解密的資料來看，竟然是蔣毛心照不宣的聯手對付美國、壓制台獨的政略手法，而不是中共解放台灣未遂的戰役。因爲八二三砲戰，毛澤東拒絕軍方一再要求攻佔金門的提議，決定對金門「打而不登、圍而不封」，就是做球給蔣介石，來抗拒美國強逼國軍從金馬外島撤退的壓力，讓蔣介石在金門力戰，迫使美國不得不介入支持台灣擁有中國大陸的海島，讓台灣保有金馬，台獨就難以輕易的劃海峽爲界，這樣兩岸就有更多時間來處理彼此的關係。

自從改革開放以來，中國大陸已經完全放棄「解放台灣」的政策，相反的歡迎「台商反攻大陸」進行投資，目前中國的政治、軍事與經濟力量，已經強大到世界大國不敢公開支持台獨的地步，但是中國大陸的總合國力，又不到立刻可以統一台灣的程度，所以台灣問題成爲僵局。在僵局中，李登輝終於想出「形統實獨」的暗獨待變策略，得到美日的支持，因爲在台灣拒絕統一的現狀下，不管是誰當政，前提都要得到美日的支持，否則台灣政權就會立刻崩潰，就以台獨政客陳水扁而言，對中國大陸的「柔軟身段」，並非完全來自中國大陸的壓力而已，而是陳水扁首先要叫美國政府滿意，這樣陳水扁政府才有執政的支柱，因此暗獨待變的兩岸政策，在國際強權的支持下，成為台灣政治的主流。

所謂「形統實獨」的暗獨待變策略，就是台灣在表面上，仍然維持中華民國的國號、國旗、國歌與憲政體制名稱，但是在實際上，將切斷、扭曲與模糊所有台灣對中國的認同與關聯。如此一來，李登輝迴避了公然台獨所必定引發的兩岸戰爭衝突，而能給與台獨更多生根成長的時間與空間，連中共政權領袖江澤民等人，甚至都被李登輝玩弄在國家認同的文字遊戲之間。李登輝路線就是，台灣建立暗獨的結構，等待有利時機的變化，只要中國衰弱分裂的時機到臨，台獨就可以公然成立。

形統實獨對台灣的危害

這樣，表面上，形統實獨給台海帶來暫時和平與發展的護身符，但是事實上，卻給台灣帶來本質結構的危機，首先是台灣人民出現國家認同的全面扭曲與模糊，連身為中華民國的總統與閣揆，竟然不敢承認自己是中國人，更不敢承諾統一是中華民國應有的歷史責任？更遑論一般的平民百姓是處在如何的國家認同困擾之中了，台灣人民處在忘了自己是誰的國家與社會之中，又如何能夠確立自己在歷史上的定位與發展的方向？

更大的問題是，明統暗獨是架空中華民國，因此，對於基於「全中國」的中華民國憲政體制，採取「陽奉陰違」的玩弄態度。從此，上自總統、閣揆，下到民意代表以及學者，人人都掌握自己對憲法的解釋權利，只要對自己「有利」，愛如何解釋就如何解釋，只要說「實際情況已經與憲法規定有所改變」，就可以自行決定憲法條文的不適用，對於中華民國的領土與主權範圍可以採取如是觀，對於總統與行政院長的權責，也一樣可以採取如是觀。台灣所有的政治人物，對於憲法是連起碼的尊重都沒有，這種惡質化的民主政治，幾乎使台灣被民粹主義所控制。

民粹主義的危機

因此，在李登輝手下，憲法可以在毫無方向與原則，更無民意支持與認同的情形下，以個人的意志與權謀，連續大幅修改六次，中華民國憲法早已失去做為國家根本大法的認同基礎，原本民主政治根植於憲政的基礎，憲政一旦輕易的遭到根本動搖，民主政治如何能夠落實？與其說台灣的民主政治發達，不如更精確的說，台灣的民粹主義昌盛。

民主政治與民粹主義在形式上，眞的所差有限，兩者都是主張以民意做爲政治運作的依歸，但是卻會造成完全不同的政治體質與結果，民主政治首重憲政法制，憲政法制是民主政治的根本所繫，因此整個國家走的是法治而非人治路線。不會人亡政息，更不會引爆政治鬥爭的憲政危機風暴，因此，民主政治很難出現短期立竿見影的成效，但是會帶來長治久安的結果。

但是民粹主義則是首重鼓動民意的激情，問題是單憑膨脹的民意激情，根本無法處理現實的政策與更高層次的憲政問題，這樣民粹主義必然經常的鼓勵政治強人的出現，雖然這位政治強人在形式上越是滿嘴尊重民意，但是事實是強人超越憲政與法治而成爲民意的化身。目前台灣的政局，表面上是民主政治，實際上走的是人治而非法治路線，政治領袖動輒鼓動激情的民意，別說法律可以靠邊站，就連憲法也要量身訂做。而統獨背後的民族主義情緒，則是最好的引爆材料。所以，民粹主義可能會出現立竿見影的效果，卻無法產生長治久安的結果，台獨就寄生在本土化民粹主義的幽靈之中。

台獨對台灣的毒害

從李登輝到陳水扁，非常清楚的瞭解，在目前的客觀形勢之下，台獨必須接受「明統暗獨」的政策指導原則，也就是「統一能說不能做，台獨能做不能說」，因此，李登輝與陳水扁都不能公開從憲政體制，廢除中華民國，建立台灣共和國。無論是李登輝的本土化政策，或陳水扁的台灣人站起來了，都看到濃厚的民粹主義力量，依憲法他們是中華民國的總統，卻不能承認自己是中國人，本土化民粹主義基本上否定了國家認同，顛覆了權責相當的民主憲政架構，形成了政治強人的體制運作，也造成政治結構的失衡與解體，台灣太多的資源就浪費在民粹主義的運作與權力鬥爭之上，台灣的進步也就明顯的緩慢下來。

台獨給台灣帶來最大的禍患，還不是台獨會引爆兩岸的軍事衝突，而將台灣所有的建設成果化成灰燼，而是台獨切斷台灣人民的歷史根源，造成台灣人民成爲失根的族群，失去正確的自我認知與歷史定位，同時也讓台灣人民染上島國自閉症的心理，再也不能有恢弘的心胸，來面對自己的未來命運。

過去的五十年來，在中華民國的統治下，台灣的成就是傲人的，台灣的一切，並不是源起於四百年前的海島歷史，因爲台灣主要的人民，全是來自中國大陸，這些移民到達台灣之時，就帶著中國五千年文化的結晶，所有來自中國大陸的語言、文字、宗教、風俗、社會組織與生產技術，都帶到台灣，台灣還納入中國正式的領土之中。台灣人民是一個不會忘本的族群，加上身處太平洋島鏈的中心，因此有更好的地理環境，對外進行經貿與文化的交流。一九四九年的國府遷移台灣，更是爲台灣帶來中國各省的精英，中國的外匯、中國的文物，於是中華民國政府，利用台灣優越的地理環境與有利的國際情勢，共同創造了台灣的經濟乃至於政治成就。

在冷戰結束之後，中國大陸開始走上改革開放的政策，台灣又迅速的與中國大陸的根連接，發展出共同的命運，最近十年台灣的發展，根本離不開中國大陸，而中國大陸的發展，也相當得力於台商的投入，本來兩岸繼續的交流、合作，終將創造出一個復興的新中國。

不料，中國的統一與復興，正是國際強權歷史的大忌，特別是兩岸的合作與統一，更會將中國帶入太平洋世紀，兩岸的統一將會切斷日本南進的戰略架構，衝破中國深陷大陸內地的歷史格局，因此如何的離間兩岸關係，就成爲國際強權的東亞戰略佈局。

在冷戰時代，台灣的確在政治與軍事上，完全依賴美國的支持，台灣更在經濟、文化的發展上，離不開美日的影響，雖然蔣介石父子曾經非常努力的保持「反共不反中」的政治立場。但是，美國與日本卻已經在後蔣時代的台灣政局中，佈下了自己的人脈，設計了阻止中國統一的戰略，無論是台灣國民黨還是民進黨，無論是李登輝還是陳水扁，都成爲這個阻止兩岸統一的國際強權戰略執行者。

中國的歷史大復興

當然國際強權能夠成功的離間兩岸交流與統一，一個非常重要的「藉口」，就是中國大陸仍然是共產黨執政。雖然中國大陸目前實際上已經從「馬列共產主義」走上「有中國特色的社會主義」，中國大陸自己稱這種政策叫做「改革開放」，事實上，就是「非共產主義化」，兩岸一部分的問題就出在這裏，形式上，中國大陸仍由共產黨統治，台灣人的反共情結很容易轉化成爲「仇華」的態度。

試問，中國大陸若眞是在實施「非共化」的政策，爲什麼中國大陸的領導階層不乾脆公開的放棄共產主義，完全實施西方的政治體制？這種說法完全忽略了中國歷史與現實的狀況，中國目前的政治、經濟與社會環境的結構，還只能接受共產黨的改革開放政策，才能走出「活路」。因爲目前也只有共產黨，才有能力穩住九億中國貧苦農民爲主的社會結構，但是，只有改革開放政策才能帶領中國一步步的走上現代化，任何超出這個結構限制與現實環境的變化，絕對又是一場令中國崩潰的「大革命」變化，革命會完全的打碎中國的歷史延續、摧毀現狀結構與掃除進步的累積，因此，大革命變化對中國、台灣與世界的危害，也就遠遠的大於建設。

中國大陸要改革不要革命

這裏絕對不是替共產黨政權辯護，而是依照歷史事實的教訓，一切理想的政治制度，都要在歷史的條件下，具有可行性，否則就是超越歷史條件限制的「革命」，弄不好就是暴政的災難。歷史的教訓是，只要改革還有空間與機會，那麼就應該支持改革，雖然改革之路更爲艱難與漫長，不若革命那樣轟轟烈烈，但是以結果而言，改革造福人民與國家，革命造就政客與野心者，除非改革完全沒有出路，革命才能成爲選擇。以歷史事實而言，革命比改革容易太多了，但是結果是改革比革命要好得太多了。千千萬萬不要以爲只有革命才是進步，千千萬萬不要以爲改革太慢太緩。改革的艱辛與成就，將會是歷史上最爲偉大的表現。

假如今天的中國大陸還是在搞文化大革命，進行階級鬥爭，那麼台灣只有抗拒中國大陸的「解放」到底，以維護自己的利益。但是，在中國開始改變得更好之時，爲什麼要求中國大陸「革命」，來毀掉中國大陸與台灣的前途呢？其實連台獨的政客也清楚的知道，中國大陸只要改革開放的政策持續下去，中國大陸終將會更爲民主，只是道路與方式或許不同而已。

同樣的歷史問題，也出現在西歐。西歐的君主政權，原來也是民主政治發展的殺手，但是，從革命所產生的血淚教訓中，多數西歐國家發現，假如尊重歷史延續與社會的現實，假如封建王室願意接受民主的改革，其過程雖然反覆而且漫長，但是其結果會比立刻「總統直選」的民主政治，還要有利於國家民族與社會。因此，縱然西歐許多國家直到如今，還在形式上維持「天佑吾王」的封建，但是事實上，卻是世界民主政治最爲發達的國家，更別說比起亞、非與拉丁美洲的總統直選民主國家更爲民主，甚至比美國的民主政治還要先進呢！

從現狀而言，中國大陸不如西方現代化民主國家之處，當然非常非常的多，但是若從歷史發展的角度觀察，中國大陸能夠克服歷史重重的困難與危機，得到全方位的進步，則是令人不得不驚奇與佩服。只要拿印度、巴西、印尼、俄羅斯等等，這些人口眾多的所謂民主國家來比較，其歷史的成果與未來發展的展望，都要遠遠的低於中國大陸，原因絕對不是因爲中國大陸的共產主義「專制獨裁」政策成功，而是中國大陸的改革開放，已經產生一種本質的改變。

形式上，中國大陸政府還是叫做馬列主義的列寧政體。事實上，中國大陸現有政權，是一種反應歷史延續性，以及接納民意潮流變化的新結構政體，也就是因爲有了本質上的改變，所以中國的「共產黨」政權，才能讓中國迅速成爲具有競爭力的發展大國，中國政府才敢付出極大的代價而要求加入WTO，中國政府才會讓自己的青年精英，大量的出國求學。假如不能看到中國大陸這種眞實的轉變，類似西歐國家君主政體的民主化過程，還要硬拿西方的民主政治形式，做爲反對統一的藉口，就會對於中國復興的歷史潮流，發生嚴重的誤判。這個誤判會對台灣的命運產生決定性的危機，對於全球也會增加新的對抗與衝突。

因爲中國擁有世界上最多的人口、廣大的領土與領海，又有極強的文化淵源與民族自尊心，所以，當中國從歷史極度屈辱的悲情中迅速的復興，中國很容易再度由民粹主義控制（記得文化大革命的民粹主義表現）。假如中國的改革與發展，還一路繼續受到國際社會的歧視、圍堵與打壓，必定會使得中國復興之路走得更爲坎坷，中國人民也會產生更多的排外心理。特別是在台灣問題上，中國必須要爲自己的國家民族利益而戰，那麼這場歷史性的衝突一旦被引爆，絕對會令全球歷史爲之變色。

中國需要更多的時間追求進步

台灣人民千萬不要輕易的受到西方媒體的抹黑與反共教育的貶抑，讓大家認爲中國大陸不過是一個落後貧窮的地區而已。圍堵與輕蔑大陸沒有什麼關係，最多是買不到廉價的中國貨罷了。但假如大家都這樣想，那麼麻煩就大了。相對西方國家或是台灣而言，中國大陸「平均」狀況的確是落後，但是中國大陸總合實力與發展潛力實在太雄厚，可以發出令人類歷史爲之傾覆的力量，至少在東亞地區，目前絕對無任何力量可以與中國大陸抗衡。中國大陸擁有幾十顆自製的人造衛星與幾百枚核子武器與投擲系統，更擁有足以摧毀世界穩定的十三億人口大軍。

同時要記得，與台灣人一樣的同根同源的中國大陸人，同樣是聰明、勤奮而且優秀，現在他們正在力爭上游，而且開始展露鋒芒，目前在世界一流人才聚集的地方，絕對有中國的人才在內，單是到矽谷或是美國的一流大學看看，就知道中國優秀人才的表現絕對是出類拔萃，以高科技重鎮的美國矽谷而言，容納七千家高科技公司，其中有二千家屬於華人，四分之三是來自中國大陸的華人。

目前就連中國大陸本身，也開始全力的推動「科教興國」，中國要的是一些時間去凝聚這些人才的力量，甚至只要短短的「十年」，中國絕對會在許多尖端的領域，爭到世界領導的地位，中國的市場力量已在全球的各個產業中絕對的舉足輕重。這就是目前世界資金、技術與產品必須流到中國的原因。當然，大家也可以絕對的放心，這些未來主導中國歷史方向的人才，絕對不會認同馬列主義搞階級鬥爭。假如中國要再實施馬列主義呢？那麼中國就會永遠失去這些人才，也等於中國自尋絕路。

若以名目國民生產毛額而言，一九九九年中國已達一兆八百億美元，佔全球第七，若以購買力平價的實質國民生產總值而言，中國已達四兆美元，幾乎與日本並列第二，中國的國民生產毛額，在十年之內可以追上日本，二十年之內接近美國，都是可以合理預期的發展。這就是爲什麼世界強權要圍堵中國的根本原因，中國要回到類似漢唐盛世的人類歷史重心，但是兩百年來，欺凌與剝削中國成為理所當然的國際強權，當然無法接受中國如此快速的復興。特別是日本，從甲午戰爭起，根本就是踩著中國的血淚而架構其短暫強國的歷史。現在如何能夠接納中國的統一與復興？

日本介入的權謀

所以，目前日本與其他國際強權，共同策劃摧毀中國復興的戰略，就是以世界潮流為名，誘使或是壓迫中國，讓中國人對緩慢的改革失去耐心，而嚮往革命，在極短的時間內，不顧自己的歷史結構與環境的限制，去接受完全西化的民主政治制度。在人民素質與社會環境差異極大的中國，若是貿然實施西方的民主政治，十三億人將很難在這種代議體制下取得共識，政治決策的癱瘓就會使得中國的崩潰出現。

在這種大歷史戰略鬥爭中，最爲緊張的當然就是日本，依地緣戰略結構，假如中國取得進出太平洋的戰略要地，而重建中國的歷史盛世，日本別無選擇的就只有成爲中國政治、軍事與經濟的附庸。所以日本不斷煽動美國的強權意識，以阻止中國發展強盛而進入太平洋，由於這個美日合作的戰略，曾在一八九四年的甲午戰爭中，成功奪取台灣，擊潰中國的自強運動，讓中國陷入革命衝突的百年亂象之中。目前要設法阻止兩岸的統一，更是成爲日本聯美的根本政略目標，台灣非常的不幸，從冷戰架構中，再次捲入這個國際強權歷史鬥爭的洪流之中。

無論從歷史、法律、戰略與政治的角度，台灣都千眞萬確是中國領土的一部分，而且台灣是有關中國國家安全、民族利益絕對不能缺少的一部分，這點幾乎是所有中國人民的共識。所以，無論是怎樣體制的中國政府，都是不可能放棄台灣的，特別是涉及到中國與日本的國家利益競爭，更是會激起中國極大的歷史性恩怨情結，這點是台灣人民所忽略，但是卻絕對不能低估的事實。

現狀已經改變

也許多數的台灣人民，並未想到與中國的分裂或是獨立，只是想要保持「現狀」，以繼續台灣過去的政治經濟成果，以避免窮親戚分走台灣的財富或是自由。這點想法經過幾十年的「反共」教育洗腦，更容易在軍事威脅的壓力下反彈，這也就成爲台獨政客利用的台灣人民弱點，其實絕對沒有可以保持的「現狀」，假如現狀不是延續「過去」，就是走向新的未來，台灣人民要保持過去的「現狀」，台獨的政客就不斷的假藉「保持現狀」而改變了「過去」。

大家應該知道，陳水扁執政的「現狀」與李登輝執政的「現狀」，以至於蔣介石、蔣經國執政的「現狀」，早已差別到面目全非的地步，只有台灣人民還在以爲，只要國號是中華民國就還是「現狀」。所以台灣人民也就不能瞭解，爲什麼台灣盡力保持現狀，還會引起中國大陸如此緊張的壓力，其實無論是中國大陸、海外華人與國際社會來看台灣，台獨已經控制了台灣，只差沒有形式上的宣佈台獨而已。

主導兩岸關係的大陸政策，對於台灣而言，絕對是決定台灣生死存亡與榮辱禍福的大政方針所在，因爲兩岸關係決定台灣的國防安全、外交空間、經貿發展與文化認同。錯誤的大陸政策所造成兩岸關係的緊張，就會造成台灣外交空間的窒息、股市的震盪、產業空洞化的發展，以及台灣人民統獨的對立，若是致命的台獨政策出籠，更會造成兩岸的軍事衝突爆發，甚至亞太的國際戰爭。

當然，台灣人民會問，爲什麼台灣人民沒有權力主張「台獨」？答案其實非常的簡單，因爲台灣是中國的領土，這點是無庸置疑的，否則台灣就不會使用中華民國的憲法與旗號了，當然也就根本不會有「兩岸問題」，而應該是「兩國問題」了。與任何一個主權國家一樣，中國人民不會同意任何人在中國的領土內搞分裂，而威脅到中國的國家安全與民族發展。

千萬記住中國大陸的反對台獨，這與中國大陸是否是共黨政權並無關係，假如中共政權敢於違背中國人民的利益與意願，放棄與台獨的鬥爭，那麼中共政權將會立刻面臨崩潰的命運與歷史的審判。至於有人願意在非中國領土搞獨立，這事中國不會過問，這就是新加坡能夠獨立，而且與中國大陸保持非常友好關係的原因。新加坡從來就不是中國的領土，新加坡的華人要獨立建國，中國當然沒有任何干涉的立場，雙方更沒有統一的問題。

台獨心理自閉症

由於台獨政客必須要將台灣人民的意願，從「反共」過渡到「反中」，所以只有扭曲台灣人民對歷史根源與未來命運的認知，這樣一來，台灣人民才會被欺騙而相信台獨主張的獨立有理。問題是，這種違背歷史與事實的做法，卻會使台灣人民失去歷史的定位與根源的歸屬。近年來台灣成爲世界資訊最開放，但是認知心理最封閉的地區，凡是自己不敢、不願面對的資訊，台灣許多的新聞媒體，都會自動幫台灣人民過濾與註解，台灣人民也習慣於視而不見。

如此一來，台灣人民開始患染了島國心理自閉症。失根的歷史、不確定的未來，開始成為台灣的主流心理。這種心理都反射到對中國大陸的憎恨與恐懼之中。

原本從鄭成功時代開始，台灣人民以「反攻大陸」、「復興中華」為己任，因此，台灣人民胸懷廣闊，膽識過人，上天下海無所畏懼，建立台灣發展的基礎。在兩岸分裂的時代，來自台灣的學子，在美國一流學府中到處可見，而且成就斐然，而後更成為台灣發展的人才動力。但是最近十年，台灣患上台獨自閉症，影響所及是，在美國的一流學府中，優秀的台灣學生已經大幅減少，中國大陸的學子人數卻巨幅上升。目前，在國際級的研討會中，四十歲以下的華人學者，幾乎很少台灣背景的人才，但是中國大陸的年輕人才，卻開始越聚越盛。就在未來的十年之內，中國大陸有信心與能力，在中國大陸建設多所世界一級的學府，成為中國復興的人力資源所在。

台灣人總是以自己是一個民主開放的社會自豪，雖然在形式上，台灣社會的資訊開放，甚至已經到了百無禁忌的地步，什麼訊息都可以自由的傳播（甚至到放肆的地步）。但是，事實上台灣人民卻以絕對封閉的心態來面對自由的資訊，不管接觸到多少資料，不管經過多少的意見討論，但是成見永遠是成見，眞相更是經常的被觀點所蒙蔽。

不過，春江水暖鴨先知，對於實際生活在中國大陸的台商而言，他們已經知道台獨政客那套「反中仇華」的洗腦口號，根本背離事實。雖然在台灣當局不斷限制與施壓之下，去大陸的台商，隨時會戴上「資匪」、「通共」的「台奸」政治帽子，但是他們仍然前仆後繼的進入大陸，目前在大陸投資的台商，已經有五萬家，投資金額超過四百億美元（一兆二千億新台幣）。其實根據實地的生活接觸，台商清楚的知道，中國大陸根本不是「匪區」、災區或是落後地區，而是潛力無窮的地區，台灣多數的傳統產業，在成本高、市場窄的壓力夾殺下，根本熬不過加入WTO之後的衝擊；甚至高科技產業受到台灣人力資源的不足與看到中國大陸無窮的發展潛力，估計不出五年，也將是湧入中國大陸市場的局面。

總之，中國大陸非共化的發展，雖然面對近乎無限的困難、挑戰與考驗，但是中國大陸的復興變化，卻是千眞萬確的事實。中國的改革開放之路，正是國家民族的復興之路，走得緩慢甚至曲折，但是卻是實在地發生。

要走上中國復興的歷史潮流

問題是，目前台灣走上實質台獨的變化，正好與中國復興的歷史潮流，發生正面的衝突，十三億的中國人，正從歷史的浩劫中掙脫，開始以驚人的速度，走上全面的復興。雖然中國的社會，特別是政治層面，仍然有許多的問題與危機，但是中國眞的已經展現出其不可阻擋的民族生命力，開始成爲世界級的大國與強國，未來會進一步的成爲世界級的富國。在這個歷史復興的契機上，中國人民絕對不會接受台灣從中國分裂的結果，爲了國家的安全、民族的利益，以及人民的自尊，中國人絕對會不惜一切代價，保衛台灣。

這絕非是誇大其辭的說法，而是十三億中國人民多數的心聲、信念與共識，任何低估與錯估這個中國人民共識的想法與決策，都會給台灣帶來無法計算的歷史災難。目前中國大陸懇求台灣同胞，與他們一起追求中國的復興與統一，千萬不要把台灣從中國分裂出去，中國大陸絕對不會把馬列的共產主義制度，強加在台灣人民的身上，因爲中國自己已經實際的放棄了馬列共產主義，而推動有中國特色的社會主義。

在未來統一的過程中，中國大陸期待台灣能夠保存自己現有的制度與發展的經驗，以利於兩岸的合作發展與和平競爭，相互學習彼此的經驗，如此一來更能促進全中國的進步與復興。這就是一國兩制的精神所在，兩岸是一個國家，但是包容不同的制度，誰也不要吃掉誰，誰都能從對方學到讓中國進步與發展的經驗。

事實上，中國人民的意見與立場絕對非常非常的清楚，假如有任何政治力量與派系，要想否定台灣是中國的領土，那麼中國人民絕對會採取一切的手段，來捍衛中國的領土、安全、利益與自尊。這一點，中共政府知道得很清楚，國際社會也明白得很透徹，所以，一個中國的原則成爲中共政府處理兩岸關係的「神聖」原則，中共政權不敢在這個原則上，有任何的鬆動，國際社會也不敢在這個原則上，有任何的挑釁，因爲大家都知道，兩岸的統一，是所有中國人民共同的信念與原則，世界上絕對沒有任何的力量，敢於公開挑戰全體中國人民共同的信念。

台灣在選擇的十字路口

台灣原本就是中華民族的一分子，有著源遠流長的歷史文化與大邦大國的心胸與根源，所以能夠因緣際會的崛起於東海之濱，一旦受台獨政客的蠱惑，而淪落成爲無根的島國民族，當然會逐漸的失去恢弘的氣度與無窮的生命力。而更大的危機是，台獨的主張，使得台灣已經淪爲國際強權反華策略的「傭兵」與「人質」。如此一來，台灣不但會錯失中國歷史復興的機緣，甚至成爲中國歷史復興的障礙，中國絕對不可能任由台灣獨立，台灣若是不幸放任政客將台灣的「現狀」推到台獨的絕路，那麼台灣的命運當然就會出現全方位的危機。

目前，台灣正處在一個歷史機遇的十字路口，假如台灣選擇與中國大陸共同推動中國的復興，台灣必定可以在這個歷史復興的盛世之中，獲得最大的利益，假如台灣選擇「現狀」而被騙上台獨的絕路，那麼台灣將會既沒有過去，也沒有未來。假如台灣人民清楚知道，自己眞的是要選擇台獨，那麼拜託一定要有與中國全面決裂的準備，絕對不可以自欺欺人的認爲可以平安過關，或者可以安全的「決戰境外」，中國人民已經下定決心，中國的未來不能沒有台灣，中國大陸的人民懇求台灣同胞與他們一起共創中國的未來，但是假如台灣眞的要離棄中國，那麼中國只有使用一切手段來保衛台灣，讓台灣永遠屬於中國。

歷史正在等待台灣人民，要有一個清楚的選擇，究竟是要順著中國歷史復興的潮流，與中國大陸人民一起完成中國歷史的復興大業，還是要逆流而行的背棄中國，最終成爲國際強權與台獨的砲灰。

曾經創造經濟奇蹟與政治奇蹟的台灣人民，這次千萬要有勇氣面對歷史的潮流，承認台灣人民的眞實身世，台灣是我們的母親，中國是我們的父親，現在是結束分裂、和平統一的時刻，台灣與中國大陸一起承擔復興中國的挑戰與考驗。這樣台灣人民會成為中華民族復興中最為有貢獻的族群，台灣人民千萬要注意，台灣絕對沒有理由要與台獨同歸於盡，因為更為偉大與光明的未來，還沒有開始呢。台灣的未來不是局限在東海的孤島，台灣的未來是西起崑崙山，越過長江黃河，東到太平洋，廣闊的大山、大河、大洋、大平原，九百六十多萬平方公里的陸地，與三百八十萬平方公里的海洋，才是兩岸共同的家，兩岸共同的未來。

目前台灣的局勢岌岌可危，好像是陷在歷史的洪流之中待救，其實台灣也在歷史的潮流之前待升，關鍵只在於台灣人民如何處理台獨而已，假如台灣人民決定與台獨同歸於盡，那麼台灣的歷史紀錄將是一個悲劇，假如台灣人民決定迎接統一的挑戰，那麼兩岸歷史的未來，絕對的光明。

其實台灣不是在滅頂的洪流中掙扎，台灣是在中國復興的潮流中等待上升。只是台獨的本土化民粹主義，與「綠色恐怖」結合，使得台灣人民走上歷史危機的邊緣。

2 何時是一九九五年閏八月？

只要歷史運作的方向不變，歷史決定性的時刻，終於還是會降臨。

一九九五年閏八月，其實是一個歷史寓言的時間描述，而非一個編年史的實際時間，無論在任何年代，只要台獨正式控制台灣的那一天，就是歷史寓言中的「一九九五年閏八月」，也就是兩岸進入全面戰爭的危機時刻。當然，假如台灣人民放棄台獨，那麼一九九五年閏八月就永遠不會成爲眞正的歷史時刻。

原本阻礙兩岸和平統一與繁榮強大的主要原因，一個是共產主義，一個是台獨主張。前者已經在中國共產黨巧妙的運作中，逐漸從中國的歷史上退潮與淡化，後者卻在民粹主義的偷天換日之下，以中華民國的名義大舉的運作，因此，台獨的發展，造成了兩岸的全面危機。

最近幾年，幾乎所有的華人，在討論台海危機之時，都會記得《一九九五年閏八月》這本書所帶來的影響與震撼，因爲在一九九五年年初，兩岸關係因爲「江八點」與「李六條」的相互應和，以及辜汪第二次會談的即將舉行，而出現一片和解的樂觀氣氛，在兩岸民間與經貿的交流與互動頻繁的狀況下，當時誰也不會相信，兩岸之間已經開始面臨突發性軍事衝突的危機。

但是《一九九五年閏八月》一書，卻大膽的預測，在台灣的本土化民粹主義影響下，台獨的政策已經開始逐漸的浮出歷史，兩岸很快就會出現關係急遽的逆轉，甚至不排除兩岸會爆發軍事衝突的危機。

歷史寓言，千鈞一髮

歷史事實的證明是，一九九五年年中，李登輝蓄意已久的「康乃爾大學之行」原本是台獨瞞天過海的一招，在國際社會的注目中，公然的拋出台獨第一步——「中華民國在台灣」。結果立刻引爆了中國大陸在台海地區進行導彈演習的緊張，辜汪會談中斷，接著兩岸的關係全面惡化，在一九九六年三月，中國大陸在海峽對岸的實兵軍演，導致美國派遣航空母艦戰鬥群的介入，中國大陸的導彈甚至從台北的上空飛過，落到基隆外海。

而在最爲關鍵的時刻，李登輝透過密使，向中國大陸政權交心保證，要求中國大陸不妨將計就計，以文攻武嚇的劇本，讓李登輝成爲台灣的政治英雄，高票當選總統，這樣李登輝有了選票的雄厚民意，保證可以幫共產黨剷除國民黨，以及可以壓服台獨的抗爭，以完成兩岸的統一談判。結果兩岸在衝突前夕，終於各讓一步，導彈從台海上空飛過，全部命中目標中心，美國航空母艦緊急撤離台海水域，台灣完成總統直選。但是，當時兩岸近乎戰爭衝突千鈞一髮的驚險，已經令熟知內情的人，嚇得全身冷汗。

當然《一九九五年閏八月》的著作，會引起兩岸甚至全球的轟動與討論，其內容當然不是什麼「神秘學」的算命預測，鐵口直斷一九九五年閏八月兩岸會爆發軍事衝突，否則這本書也就根本不會得到社會上如此的重視與討論。事實上，這本書純粹是一個歷史趨勢的分析與預測，預言兩岸關係無論如何密切，但是絕對承受不了「台獨」的破壞，無論「台獨」是以何種方式出現，只要出現台獨，兩岸關係絕對會走上破裂的危機，同時兩岸的軍事衝突也會成爲難以避免的結果。

以《一九九五年閏八月》當做書名，當然是一種寓意的說法，正如歐尼爾的名著《一九八四》一樣，借用一個年代的時間，來闡述一種趨勢，假如人民不能警覺，那麼躲在幕後有野心的「老大哥」，會隨時利用先進科技來設法偵測所有人民的隱私，控制所有人民的自由，發生的正確時間，當然不是西元一九八四年，而是當「老大哥」成功的控制所有人民的自由之時，就是「一九八四」的眞正時間。

同樣的，何時只要台灣走上正式的台獨，何時必然就會引爆兩岸的軍事衝突，那一天也就是歷史寓言預測的「一九九五年閏八月」。

中國大陸的改革開放

如今更為心平氣和的回頭檢討兩岸的關係發展，從一九九五年閏八月起，兩岸的基本結構已經有了更爲清楚的轉變，中國大陸的「非共化」歷史轉變，已經超過了不迴歸點，當然在中國大陸的官方說法是「改革開放」。而台灣則出現進一步「去中國化」的發展，當然在台灣官方的說法是「本土化」。假如兩岸這兩股歷史潮流的走勢不變，那麼兩岸關係，終將走上全面攤牌的歷史危機之中，一九九五年閏八月的時間寓言，也就成爲難以挽回的眞實歷史年代。

先看中國大陸的「非共化」發展，無論是基於什麼原因與動機，無論中國改革開放的總設計師鄧小平，有沒有這種遠見與企圖，目前中國大陸的改革開放政策，不但從文革浩劫之中走出了自己的特色，也進一步的走出了馬列主義原則的「歷史不歸路」。這是中國歷史上的奇變，中國終於改變了共產黨，中國共產黨不再推動階級鬥爭，也不進行興無滅資，相反的，它在大膽的吸收資本主義的運作原則，希望所有的中國人都能握有私有財產，甚至爭著加入世貿組織，完全接受自由經貿的國際規則，這正是中國共產黨開始一步步的執行非共化政策的奇異歷史工程。表面上，還是中國共產黨在執政，馬列主義的教條仍然掛在口號中，但是，事實上，中國上下所共同追求的不過是國富民強的康樂生活。

因爲中國共產黨清楚的知道，世界歷史的潮流已經摒棄了共產主義，共產主義糾正資本主義褊狹錯誤的歷史階段任務已經完成，假如中國共產黨要想爲自己以及中國著想，就要試圖轉變，不但不能拘守馬列主義教條，反而要吸收資本主義的精華，以求中國能夠富足強大。在中國大陸，所謂無產階級專政，已經是擁有房產、工廠、股票與外匯的「無產階級」了。

以歷史變化的事實而言，從一九七九年的改革開放以來，中國的改變可以說是全面與深遠的，目前馬列共產主義已經從中國的歷史中退潮，失去了政策主控的地位，取而代之的是「有中國特色的社會主義」，其實反過來看，若是說中國大陸推行「有中國特色的資本主義」，也許更爲名副其實。因爲今天在中國大陸是上下一心向發展看齊，黨中央關心政府的外債發行能否成功，比還有沒有人民進行階級鬥爭的認識，要關心太多了。中國大陸的人民，特別是年輕的一代，未來的接班人，更是以出國求學、追求個人財富與發展，列爲生涯規劃的首要目標。

所以，今天發生在中國大陸內部的變化，若不是親眼看到與深入研究，簡直是不敢相信中國共產黨會自己動手埋葬「馬列共產主義」。目前主導中國的意識形態，絕對已經將馬列主義的「階級鬥爭」與「興無滅資」這一套根本的思想，全部的掃入歷史的垃圾堆中，而朝向如何發展、如何建設中國邁進。

中國接受世界潮流

目前中國的主要政策，竟然是開啓大門，加入WTO，全面歡迎世界各國的資本家，進入中國投資。共產黨的領導人，不斷的設法增加每個中國人民的私有財產，甚至鼓勵股票市場的全民化。當每個中國工人都開始擁有自己的私人財產，每個企業的負責人都成爲上市公司的老闆，當股票成爲中國人普遍持有的理財工具之後，請問，這樣的中國還能說是由無產階級專政的國家嗎？還是說是無產階級的中國的新定義，就是股票族的資本家了？

當然伴隨改革開放而來的，不只是經濟上的開放，也是社會的變化，更是政治上的革命，今天在中國大陸各個地方，幾乎人人都可以批評政府與領導人，有些言詞激烈的程度，甚至比民主國家還要厲害（這是作者與所有來往的朋友，都親耳聽到的事實），只是還不能在大眾媒體公佈而已，至於小眾媒體，特別是是網路，根本就是四通八達，一些中國大陸人民可以在網路上同步看到美國有線電視網、《紐約時報》或是新加坡的華文《聯合早報》，台灣的新聞網也是照看不誤，什麼民運組織的電子郵件，一樣在網路中自由運行。

中國大陸的政治改革魄力，表現在政府機構與人事的大幅精簡之上，高達三分之一到二分之一的中央與地方黨政幹部，在最近的三年內，全都「下崗」，這種改革是連政黨輪替的民主政治都辦不到的事。而且中國大陸政府進一步的制定規則，許多層級的負責幹部，不再由黨組織部指派，而是公開徵選，所有黨政幹部能上也能下，如此一來，政府的新陳代謝與活力，全都出現。今天中國大陸的人民可以控告政府失職以尋求賠償；各級地方政府接受民意的評比，不及格的，第一年罰薪，第二年撤職；法院的法官，更是開始實施公開評選；所謂橡皮圖章的人代會也開始加強監督政府，政府所提法案若是不夠周延，一樣受到擱置退回，以「證交法」為例，竟然在人代會中六年都無法過關，一直改到滿意才獲得通過。

歷史潮流在變

當然，有人仍然持懷疑的態度來看中國的變化，認爲中國大陸仍然是一個由共產黨專政的國家，「只不過」在經濟與社會上做了一些小幅的放鬆，因此，大家仍然要小心共產黨的僞裝與陰謀。持有這種觀點的人，可以舉出「六四事件」未能平反、法輪功遭到鎮壓、中國大陸仍然有黨禁與報禁等等事實，來證明自己的觀點正確。但是在面對中國這個歷史性的結構變化，大家一定要瞭解，它要有一個變化的過程，而且在這個過程之中，還會有反反覆覆的正逆潮流衝突，但是我們要問的是，整個潮流的方向爲何？就以民主政治的發展而言，無論是法國的革命式變化，或是英國的演進式變化，在百年的過程之中，都是有著許許多多曲折與矛盾的現象，但是就整個潮流的方向而言，西歐的政治主流是走向民主。

因此，在觀察中國大陸整個潮流的變化時，就要有更爲宏觀與深入的角度，去瞭解中國，觀察歷史的變化，更必須從一段歷史時程來看整個事件的變遷，不能只從一個切面來評斷歷史的潮流。因此，只要比較目前的中國大陸與過去的中國大陸，就可以發現，中國大陸在改革開放的改變，已經出現從「量變」到「質變」的徵兆，任何最為挑剔的批評者都會承認，今天的中國大陸整體環境，不但不同於大躍進、文化大革命時期，甚至也不同於一九八九年天安門時期，中國大陸的改變，不但是在經濟方面、建設方面的變化，就連社會、政治與教育，都有了全方位的變化。

今天，任何一個人若是親身進入中國大陸去體驗一下，就會發現中國大陸的根本變化，大都會地區的富庶繁榮，宛如在任何一個西方國家的現代化都市，人潮、商機處處湧現，根本不是什麼政治管制的社會所能辦到的。電視上充斥著商業廣告與商業節目，青年學生勤奮求學，官員努力推動建設，企業家日日翻新與增加，學生可以出國留學，平民可以出國旅遊，政府不斷清理官場貪污腐化的家醜外揚，一般人民可以自由的批評時政，甚至報章雜誌都開始出現對於內外政局的個人意見，這些對於中國大陸而言，都是前所未有的改變，雖然離西方國家的標準而言，仍然有相當的距離，但是中國正在進行一場比革命更爲影響深遠的「改革」。

雖然中國大陸仍有許多的貧困人口，以及媒體上感覺到政治壓力的扭曲，特別是西部地區仍然落後與貧窮，但是中國大陸的貧困人口，已經從三億多人減少到不足七千萬人，目前中國大陸的人民私人銀行存款總餘額，高達六兆人民幣（七千五百億美元）；上網的中國人民，能夠知道國際局勢與台灣消息，超過一千多萬的大陸各階層社會經濟精英，每天都在網路上獲得全球資訊，以及可以接收發送電子郵件。

單是從中國大陸的學術界，對於反共學人胡適的態度，就可以看出中國大陸的改變有多麼的深遠了。過去基於政治的立場，中國大陸在學術界，多次猛烈的圍剿胡適，不但胡適所有著作成爲毒草，他的所有觀點都遭到扭曲與批判。但是今天在中國大陸，最爲完整的胡適著作已經出版，一流的學生可以研究胡適的學說成爲他們的論文，胡適的地位、學說重新受到高度的肯定，其實其他海內外的學說與觀點，也都能在中國大陸取得一定的接納，因爲中國大陸變了。

在中國大陸，已經沒有任何的階級鬥爭與政治整肅運動，越來越多的人民自己安排自己的生計，規劃自己的未來，每年高達兩萬留學生分赴全球各國深造，二十年來已經累積到三十五萬人，其中已有三分之一選擇回國發展。想想看，會有一個獨裁封閉的政府，會這樣讓自己國家最爲優秀的青年學生，大量的出國深造，接觸不同意識形態的教育，因爲這些留學生，將來很可能會成爲中國的政治、經濟與社會領導的精英，他們必將成爲引進世界潮流與觀念的改革者。

目前中國大陸每年培養一百二十萬以上的大學本科學生與八萬以上的碩士與博士學生，在未來的十年中，中國大陸更要提高大學生人數，達到每年二百五十萬人與三十萬的碩士博士，他們絕對不是封閉無知的知識分子，只知道背誦政治教條與毛語錄的人。相反的，中國大陸的學生，多是勤奮向學之輩，經過公平的考試栽培的人才，他們的能力與潛力，已經受到世界一流學府的承認。其實目前多數優秀的中國大陸學生，很難被控制或者被洗腦，他們有著獨立思考的能力，也有能力面對全球開放的競爭。其實只要到美國頂尖的大學，或是矽谷等高科技人才匯聚的地方，就可以看到相當數量的中國大陸人才，正在展現他們優異的才智。目前中國大陸留學生，成為全美大學外國留學生的主幹。

同時，單是美國，目前就有高達二百多所的大學，以及將近七百多所的高中，都與中國大陸的對應的大學與高中，進行訪問聯誼的交流，每年有上萬的美國學生進入中國大陸，與中國的學生接觸，交換彼此的認識、觀點。基本上，中國大陸的知識分子，不但不是封閉與孤立的，相反的，他們知道世界的潮流，他們知道台灣的變化，也知道中國的問題、挑戰與未來，他們不會滿意中國的現狀，他們要求更多的改革與開放，但是他們不會支持「西化革命」，以中國的社會、經濟與政治現狀，特別是人民的教育水準，目前在中國大陸實施多黨政治與直接民選，對中國只會造成災難性結果，會把中國推向類似印度、俄羅斯與拉丁美洲國家的發展絕境。台灣當然也會為之沉淪。

平心靜氣的想想看，台灣為什麼會廢除國大與地方鄉鎮的選舉？台灣人民的內心，爲什麼對選舉感到挫折與失望？是不是因爲選「總統」與選「騙子」差不多？更別說選「副總統」的惡夢了，今天誰敢想像呂副總統一旦主政的日子？而所謂民選的立法委員又與「利法委員」有多大的區別？一些議會議長又與幫會大哥有何不同？民進黨與國民黨本質上又有何差異？煽情新聞的競爭，又讓台灣人民看到什麼事實與眞相？司法的獨立與公正性又有多少？

從武力犯台到武力保台

雖然貪污腐化的問題，是目前中國大陸嚴重的問題，但是基本上，中國大陸的各級政府官員，都在盡力的建設國家與改進民生。當年國父孫中山先生實業計畫的宏規，目前中國大陸政府幾乎已經完成了七成以上，而且繼續以更爲快速的步伐，進行西部的開發。許多經常進出中國大陸的人士，無論是中國大陸的留學生、外國商人，或是台商，對於中國大陸的各種進步，都有一種強烈的對照感覺，就是中國大陸的許多地方，可以說是正以難以置信的速度發展與進步，無論是硬體的建設與軟體的管理，幾乎年年都有可觀的成就，這種進步的速度與廣度，根本不是共產主義「專制暴政」能夠有的成就。

中國大陸目前每年允許高達一千萬的中國大陸人民到國外觀光、旅遊與經商、考察，同時中國每年接待來自全球各地的人士，進行各種的活動，人數高達六千萬，上百萬的家庭可以看到中國之外的電視節目，一千七百萬的人（每年上網的人數，以倍數在增加），在網際網路上尋找資訊，表達意見。所以中國大陸絕非是封閉的鐵幕，而是基本上已經達到開放國境的做法，讓中國人民瞭解世界，也讓世界進入中國，接觸中國。這些事實，正是證明共產主義無法成為控制中國大陸人民的主流思考（當然，在鄉村農民對共產黨也仍有一定的認同），以歷史的趨勢及潮流而言，我們可以確信，中國正在進行「非共化」的質變，而且未來會比現在的變化更大。

在中國大陸的非共化之下，中國大陸對於台灣的政策安排，早已經不是共產主義的「解放台灣」掛帥了，所以，也就不存在有「武力犯台」的問題。如今，中國大陸渴望與台灣進行交流合作與統一，一種基於「國家安全、民族利益、洗雪歷史恥辱」的新思潮，已經成為中國大陸政府與人民的共識，同時，中國大陸絕大多數的人民，更清楚的認識到，絕對不可能接受台灣與中國大陸正式的分裂，假如台獨政客與國際強權要想分裂台海，中國絕對不會退讓，那麼「武力保台」將是必須的選擇。

台獨已經控制了中華民國

在台灣方面，李登輝與民進黨互為表裏的唱和與呼應，以民粹主義的本土化做為手段，炮製否定中華的「台灣主體意識」，製造兩岸的對立，刺激擴大兩岸的衝突，以「反共」的意識偷天換日形成「仇華」的情緒，削弱台灣人民對於中國的認同，開始運作台灣四百年歷史的自我封閉悲情意識。

本來，台灣就是一個由中國移民所擁有的孤立海島，近百年來又與中國大陸長期的隔絕交往，加上五十年來的反共與恐共長期教育制約，在所謂本土化的民粹主義煽動之下，利用台灣人民對於中國大陸「文攻武嚇」策略的反感，而在台灣形成了「去中國化」的意識形態，在政治上，切斷憲政的法統，建立本土化的民意基礎，在歷史上，虛構台獨的四百年歷史，切斷台灣與中國歷史的淵源與關聯，讓台灣人民逐漸在歷史中迷失，也在自我認同中迷失。

不過要想讓台灣人民完全失去對中國的認同，目前仍然困難重重，在民粹主義政客的玩弄之下，台灣人民可以說是失去了自我定位的意識，目前絕大多數的台灣人民是以「維持現狀」來因應兩岸關係，其實台灣人民眞正的意思是，維持過去一向的國家認同與兩岸關係，不料卻中了台獨政客的毒計，因爲現狀不斷的在改變，現狀可以不同於過去，因此，在逐步的量變之下，已經出現質變的危機，目前台灣所謂的「現狀」，早已不是過去台灣的「現狀」，台灣人民能否清楚的分辨，同樣的國號、國旗與國歌，已經有了完全不同的涵義與代表。

台獨讓台灣成為無根的島國

台獨政客竟然扭曲歷史，把台灣與中國大陸的統一關係，說成完全的負面，什麼百年來中國給台灣帶來的都是威脅與災難，事實上，沒有中國大陸對日本浴血抗戰的勝利，台灣人民就沒有機會脫離殖民時期受盡欺壓與歧視的地位，沒有一九四九年來自中國大陸國民政府的外匯、人才與軍隊，就沒有台灣可以偏安的繁榮與發展，沒有一九九〇年以來兩岸的經貿交流，就沒有台灣今天的經貿運作與外匯存底。

中國大陸是台灣過去的根源，也將是台灣未來安全與繁榮的根本，台獨就算能夠僥倖成功，也不過是把來自大邦大國的台灣人民，孤立在一個島國的範圍，過著沒有根，沒有夢，目光如豆的生活。

其實台灣的過去，一直認同中國，而且還要反攻大陸，復興中華呢！當年兩岸的政治與經濟差距更大，但是並沒有造成台灣人民的仇華觀感，甚至六四事件，也沒有改變台灣人民對於中國大陸的認同。直到當中共政權的領導人江澤民，爲了從內部顛覆國民黨政權，竟然與李登輝串通上演「文攻武嚇」的劣等劇本，爲了李登輝一個人的選票成就，破壞了台灣人民對於中國的認同與好感之後，才造成了兩岸的關係徘徊在統獨的歷史危機關口上。

台獨絕非台灣人民的利益，而是國際強權的利益，因爲中國的復興與強大，若是有台灣的攜手合作，將會走得更快，發展得更好，中國可以從內陸文化發展海洋文明，中國可以切斷日本發展南進島鏈的野心，而直入太平洋。三百八十萬平方公里的海洋疆域就成爲兩岸中國的新領域，台灣當然是中國復興的最大受益者。但是國際強權卻企圖以台灣挾制中國的國家安全，限制她的海洋發展，甚至迫使中國在發展的關鍵時刻，仍極度消耗國家有限資源來進行軍備競爭，使得中國改革失敗，內戰分裂的可能性升高。如果未來的局勢是朝這個方向發展，最大的受害者仍是台灣。台灣成爲中國大陸與國際強權交戰的「境外決戰」場，下場除了廢墟一片之外，毫無所得。

目前，主張台獨的政客陳水扁執政，兩岸的關係可以說是暫時處在完全缺乏互信的脆弱平衡中，雖然陳水扁用盡一切手法來玩政治遊戲，但本質上，萬變不離其宗，陳水扁的基本立場是「統一無心、台獨無膽、恃美拒通、暗獨待變」，說穿了就是一個想獨又不敢獨的政客心態罷了。

最可憐的還是陳水扁自己，執政以來「演什麼不像什麼」，以爲自己在統獨上騙來騙去的賣力演出，就可以把中國大陸政府搞得眼花撩亂，暗獨又可以騙過四年，其實中國大陸政府豈是台獨政客可以玩弄在股掌之上的。中國大陸政府冷眼觀察陳水扁的表演，紮實的準備全方位對台獨的打擊，不但全面撤換對台的執行機構，而且對「心防」、「民防」與「國防」的動員，都到了臨戰的水準，東南各省的黨政機構都進入「擁軍支前」的待發狀態。目前就等中國安排好全面戰略的部署之後，等待機會給與台獨致命的一擊。

因此，以歷史寓言的角度而言，一九九五年閏八月其實沒有過去，卻仍然像歷史大限一般的徘徊在台獨的眼前，只要陳水扁公開搞台獨，閏八月就會到來，只要陳水扁繼續配合國際強權戰略，在台灣實施暗獨，抗拒統一，那麼閏八月也終將會出現。

所以，台灣人民眞的有大智慧與大決心，要掃除閏八月的危機，只有一個非常容易的辦法，就是協助中華民國的總統陳水扁，或是強迫中華民國陳水扁「出賣」台獨，若是陳水扁忘了他是中華民國的總統呢？當然台灣人民就可以換掉陳水扁，而且是越快越好。一九九五年閏八月的歷史危機時刻，在兩岸統獨的歷史長廊之中，已經徘徊很久了，一旦降臨，台獨絕對會被歷史洪流滅頂。

請記住，假如歷史發展的方向不變，歷史的大限時刻還是會降臨的。

但是，假如台灣人民決定棄絕台獨，一九九五年閏八月將永遠不會成爲歷史的事實。

3 何處是兩岸的盧溝橋？

突然性是戰略的本質，也是歷史轉向時刻的特性。

兩岸局勢目前看起來不夠緊張，但是千萬不要以爲沒有突變的危機存在！

自從九〇年代以來，由於兩岸關係的「質變」，一方面，台灣不但公開廢止動員戡亂臨時條款，放棄反攻大陸的國策，同時中國大陸在更早時，也拒絕了解放台灣的政策。但是一方面，台獨政客開始試圖與中國大陸劃清主權的界線，中國大陸則開始以國家民族利益，做爲統一台灣的思考基礎。而「一個中國」成爲兩岸的基本共識，更是維繫兩岸和平與交流的基礎。

但是，在台獨偷天換日的手法下，台灣開始逐步走出一個中國的原則，那麼兩岸又將會面臨軍事衝突的危機，不過，衝突的本質將從「武力犯台」的「解放台灣」，變化成爲「武力保台」的「統一台灣」。這個本質上的轉變，將會完全改變台海關係的歷史定位，也就醞釀更大的歷史危機與生機。

目前兩岸關係已經接近完全沒有互信的架構發展，對於中國大陸而言，已經大體摸清李登輝—陳水扁的「形統實獨」政策路線，以及美日背後的模糊戰略介入，因此中國大陸也就沒有必要再以「文攻武嚇」的方式，來挽回台灣人心與台獨政客的認同，因此目前的兩岸情勢並不緊張。但是，中國大陸已經非常認眞的在做好武力掃除台獨的準備，這種臨戰準備的全面性與深入性，使得兩岸關係眞正面對非常的危險。

歷史上許多的巨變發生，往往不是因爲一個有爆炸性的導火線而引爆的，而是在結構性的對抗危機已經形成之後，根本不再需要什麼重大的歷史衝突爲藉口，而是只要一個非常非常小的火花，就可以掀起有如燎原之火的滔天大禍。這就是所謂壓垮駱駝的最後一根稻桿，一根稻桿的重量甚至壓不倒一隻蝴蝶，但是它卻會在最後時刻，壓倒負重能力極強的駱駝。

日本侵略中國的罪行如山

在人類的歷史紀錄中，再也沒有比二次世界大戰的規模更大、傷亡更重與影響更爲深遠的戰爭了，但是，引起二次世界大戰的戰爭原爆點，卻只是發生在一九三七年七月七日，中國河北省盧溝橋一個微小的事件，這個極其微小的事件，竟然引爆了中國與日本全面的軍事衝突。而中日持續的浴血戰爭，將日本的戰略資源幾乎消耗殆盡，日本既無法結束中日戰爭，日本就必須設法確保戰略資源的供應，因此，迫使日本設法控制東南亞的戰略資源，如此一來，日本就勢必與英、美、法、荷等國發生戰爭，日本最終決定，以先發制人的方式，對美國發動珍珠港事變，以確保自己能夠順利的掌控東南亞戰略資源，結果，美國正式參戰，二次世界大戰就此完全爆發。

其實追溯歷史，盧溝橋事件只是中日歷史危機衝突的星星之火而已，但是，它背後的歷史危機結構，要追溯到日本在一八七六年開始併吞中國屬國琉球，一八九五年併吞中國的台灣省與屬國朝鮮，劫掠中國三萬萬兩白銀（前後的賠款加利息）的資源，一九〇〇年日本參與的八國聯軍，大舉劫掠中國，一九〇五年的日俄戰爭，日本取得在中國東北的殖民開發權，一九一六年的二十一條勒索，一九二八年的濟南慘案，繼續的是九一八事變、一二八事變、攻佔熱河，強佔冀東，日本這些近乎永無止境的步步侵略中國，終於導致中國的團結抗日，一九三六年十二月的西安事變之後，中國完成了統一抗日的共識，中日之間的衝突危機，就出現了臨界狀態。當時只要日本再進一步的挑釁中國，哪怕只是小小的一步，都會迫使中日走上全面戰爭的「最後關頭」。

山窮水盡的兩岸關係

回顧歷史，再看看目前的兩岸關係，就可以知道，兩岸關係的發展也接近圖窮匕見的最後關頭了，李登輝順利的以「密使」向北京磕頭的手段，玩弄了中國大陸政府十二年，最後不但讓中國大陸以「文攻武嚇」來幫他助選，而且還能推出震撼國際的兩國論，最後還巧妙的協助陳水扁提前執政，對於李登輝個人而言，眞不愧是「老千計、狀元才」。但是對於中國大陸政府而言，和平統一的主張，在面對被出賣與被玩弄得「山窮水盡」與「仁盡義至」之下，將會成爲不可能的政策，「軍事準備」與「武力統一」就成爲難以迴避的選擇了。

陳水扁當選，代表台獨已經順利的在台灣構建民粹主義的自閉症病態社會，挾持台灣人民成爲政治人質，國際強權更是利用台灣來困擾中國，迫使中國進入高速發展時最爲危險的軍備競賽。

因此，北京已經對於李登輝—陳水扁的政治路線，完全沒有信心，也完全沒有幻想，一個「統一無心、台獨無膽、恃美拒通、暗獨待變」的結論，就把兩岸關係定位在高度危機的臨界狀態。中國大陸不可能接受台獨的分裂，不管是明獨還是暗獨，中國大陸不可能坐視國際強權的干涉內政，迫使資源誤置在軍備競賽而導致改革開放政策的失敗。所以，中國大陸政府在全方位的考量利弊得失之下，晚打不如早打的戰略方針，開始支配中國大陸的對台政策。正是所謂切除危害國家民族癌症細胞的擴散，是越早越好，兩岸可能衝突的臨界狀態，開始成形，「擁軍支前」的臨戰最高政策，已經悄然的在中國大陸啓動。解放軍更是有如脫胎換骨般的投入臨戰準備，只等歷史衝突的信號出現，掃平台獨與統一國家的歷史，就將成爲事實。

在這種情形下，兩岸也面臨決裂的臨界狀態，任何極小的意外，都有可能會引爆兩岸正式的全面衝突，那麼讓我們回到一九三七年的七月七日盧溝橋邊，重建事變發生的現場，看看歷史是如何記錄巨變的發生。

七七事變前無緊張徵兆

若是按照一九三七年七月七日的歷史紀錄而言，盧溝橋事變的本身，絕對只是一個小小誤會的意外，無論是盧溝橋的現場，還是中日兩國的決策者，當時都沒有人會料到，盧溝橋事變竟然會成為中日兩國歷史決戰的歷史事件起點。嚴格說起來，七月七日當天，雙方可能連第一槍都沒有開，更不必說雙方沒有死傷、破壞與損失了，問題是，這個甚至連軍事意外都算不上的事件，卻千眞萬確的成為人類歷史上，中日歷史中，最大戰爭的起源點。

七七事變的當天，事變發生所在地的河北省，天候不佳，是個夏季雷雨的天氣，河北當天正在舉行國民政府統一以來，第一次的國大代表選舉，當時中國各地正陸續按五五憲草的原則，開始選舉代表，準備制定憲法，以進入訓政時代。所以，當天代表河北地區地方行政機構的「冀察政務委員會」，全都在忙著有關選舉的工作，而駐防河北的二十九軍，更是沒有任何的軍事訓練任務。事實上，當時冀察政務委員會主任，兼二十九軍軍長宋哲元，已經在當年的五月底就請假回山東老家休養，以避免與日本在河北的駐屯軍發生交涉的摩擦。

而當時在河北的日本駐屯軍，雖然經常的演習與恫嚇中國的二十九軍，但是中國方面也早已學會以逆來順受的方式，應付日本的挑釁，以避免中日雙方的衝突與攤牌，爲中國的建國建軍抗日，爭取更多的時間。而剛在七月初，日本在河北駐屯軍的司令官田代皖一郎中將，因爲心臟病猝發，生命陷入彌留狀態，駐屯軍的指揮職務，由參謀長橋本群少將代理，東京方面正在商討職務代理的人選。因此，日本駐屯軍當天實在沒有人在計劃或是陰謀在河北生事。

而中國方面，蔣介石正駐節廬山，與軍政領袖及民間學者進行國事會商，參謀總長何應欽，更是前往四川，與當地的軍政領袖會商四川的軍政改組事宜。日本則是剛由近衛公爵組閣，正焦頭爛額的設法處理日本不穩的經濟與政局。而日本的參謀本部所頒發的一九三七年戰略指導綱領中，要求日軍檢討與策劃防蘇的軍事準備，特別指示駐屯軍、朝鮮軍與關東軍，都要對如何應付與蘇聯的軍事衝突，進行軍事參謀作業與軍隊演訓。因此，當天沒有任何的跡象顯示，中日有可能爆發軍事衝突或是全面的戰爭。總之，在一九三七年七月，中日的關係沒有特別緊張的跡象，更沒有什麼戰爭的陰謀。

中日局勢進入爆發的臨界狀態

問題是，中日的局勢，卻已經走向攤牌的危機階段，因爲中國方面，剛在半年前的西安事變達成了「容共聯蘇抗日」的軍政大和解，日本政府很清楚，中國人對於日本的不斷欺凌，已經到了快要忍無可忍的地步。從甲午戰爭、八國聯軍、二十一條、五三慘案、九一八事變、塘沽協定，這些日本的侵略與強奪，終於造成中國內部所有軍政派系合作抗日的決定，同時突破孤立無援的狀況，與蘇聯聯手合作。

這正是日本方面最為擔心的政局發展，日本清楚的知道，一旦中國內部協力進行抗日準備，中國會在三到五年之內，發展出可以與日本正面硬碰硬的實力，這正是當時蔣介石的對日戰略佈署，日本內部開始認眞的評估，是否需要對中國進行先發制人的攻擊，以免中國國力整合之後，日本就會失去了侵略的優勢。

軍事誤會鑄成大錯

在七七事變的引爆原點，宛平縣盧溝橋附近的豐台，非法駐紮著日本的一個聯隊兵力，屬於日本駐屯軍特別加強旅團的戰鬥部隊，這個聯隊近期時時進行演習準備攻佔盧溝橋，以切斷北平和天津與中國南方的戰略通道。七七當天，日本駐屯軍的旅團長河邊正三少將，正遠在山海關地區，與關東軍進行支援作戰的軍演作業協商，豐台聯隊長牟田口廉也大佐則有事到北平的日本領事館接洽公務。只有大隊長一木青直中佐值班留守，而由清水節郎上尉率領一個中隊的日軍，在盧溝橋附近進行夜戰演習，這種演習在當地早已是見怪不怪的「例行」活動了。

不料，當晚十時左右，參加演習的日本新兵志村菊次郎，因爲體能不佳無法跟上部隊的運動而脫隊。此時，演習的日軍在進行假想敵的誘發空包彈射擊，突然「聽到」在黑暗中，似乎有「實彈」射擊的槍聲，因此中隊長清水立刻停止演習，進入戒備，清點人數，發現少了新兵志村，於是清水一口咬定是與宛平的中國駐軍二十九軍馮治安師吉星文團金振中營的部隊有關，要求立刻進城搜查，並且要中國交待槍聲事件。

而當時宛平中國駐軍婉拒日軍夜間進城搜查的要求，認爲在夜晚進行搜查，可能會發生意外的衝突，於是清水上尉大怒，立刻回報豐台日軍，值日官一木清直少佐就立刻向聯隊長牟田口與旅團長河邊報告，在牟田口與河邊都指示日軍要強力反應的命令下，豐台日軍立刻緊急出動，包圍宛平。

不料此時，體力恢復之後的日本兵志村自動歸隊，根本沒有毫髮損傷，也沒有任何遭到攻擊的報告，但是大隊的日軍既已夜半冒雨出動，沒有任何交待難以服眾，因此，日軍指揮官堅持仍要進宛平城。但是宛平的中國駐軍表示，既然失蹤士兵已經歸隊，中國軍又檢查過無開槍紀錄，同時時間已經接近八日清晨，天亮後一切就可以眞相大白，實在沒有擴大衝突的必要。

這時候，日軍已知自己小題大做的錯誤，但是部隊既已半夜集結動員，不在現場的日軍指揮官又下令嚴格處理，在現場的日軍無法找到挽回顏面的結果，所以在老羞成怒的情形下，日軍沒有明確目標的朝向宛平華軍陣地開槍，中國的軍隊當然不會示弱，也就動手還擊。但是雙方都沒有認眞的開火攻防，所以也就沒有傷亡的結果。

歷史衝突的導火線

本來，這是小事一件，天亮後中日雙方駐河北的軍方將領，也在協商之後，達成了解決盧溝橋事件的協議。但是不料七日盧溝橋中日軍隊發生半夜誤會的「消息」，竟然成爲八日日本東京報紙的頭條，也成爲有意藉機生事的關東軍與朝鮮軍的最好藉口，日本各地人民，在不明事實眞相的情形下，各地舉行「嚴懲支那」的群眾集會。日本國外駐軍更是將請戰的電報，如潮水般的發回日本軍部，在這種情形下，日本內閣只有舉行特別會議，以商議如何因應盧溝橋事變。

問題是，事後消息證實，所謂盧溝橋事件，不過是一場軍事誤會，中日雙方已經就地達成解決問題的協議，但是日本方面卻覺得騎虎難下，這時日軍主戰派運用影響力，決定派遣日本強硬派的香月清司中將，接替病故的駐屯軍司令官田代，而駐屯軍的日軍將校，則是趁新官尚未上任之前，個個爭著表現立功，因此立刻又在盧溝橋尋釁，企圖挽回顏面。

於是中日和解協議立刻又被推翻，七月九日，中日兩軍在盧溝橋邊，又開火作戰，這回中國軍隊佔到上風，日軍死傷多人，卻無法攻佔盧溝橋。這下子日軍的顏面大失，關東軍、朝鮮軍不待日本軍部的命令，就已動員集結部隊，準備進入河北，要教訓中國軍隊。日本當時的狂熱主戰派人物，陸軍大臣杉山元，更是狂妄的表示，日本可以「三月亡華」，要求參謀本部動員本土的日軍，同時批准關東軍、朝鮮軍支援駐屯軍作戰。

這時蔣介石眼見局勢的發展可能會全面惡化，同時中國人民與各個派系，都同時發出支持中國不能退讓與決心與日本抗戰的通電，雖然中國的抗日軍事準備，根本連三分之一都沒有完成，但是蔣介石知道，這回中國方面是不能再讓了。因此，蔣介石特別指示宋哲元要強硬的對付日軍的壓力，並且立刻將司令部移出北平，同時指示孫連仲部馳援河北，而且立刻召回何應欽回到南京指揮調度，同時撥給宋哲元大量的彈藥。不料中國調兵遣將的消息，由日本駐華的副武官大城戶以密電報告東京，十一日，日軍參謀本部在強大的壓力之下，竟然同意動員關東軍與朝鮮軍前往河北，同時批准關東軍與朝鮮軍的支援作戰計畫。中日雙方的決戰，就逼到了臨界點。

此時，宋哲元銷假回任，對於日軍的各項不合理要求，幾乎是全部接受，企圖息事寧人，同時拒絕蔣介石的援軍與後勤，發表公開的退讓聲明，謝絕各界的支持，但是宋哲元的低姿態做法，反而激起日軍認爲宋哲元與中央政策矛盾，可以利用機會打擊二十九軍的威望，所以香月到任，立刻調兵遣將的步步進逼，一再得寸進尺的威逼宋哲元讓步，最後向宋哲元發出最後通牒，宋哲元退無可退，只有下令反擊，中日全面的戰鬥，就在七月二十八日正式的爆發。三十日，北平、天津淪陷。八月十三日，中日在南方的上海大戰開打，八月十四日中國政府發表自衛抗戰聲明，八月十五日，日本成立大本營與下令全國動員，中日兩國就此展開長達八年的殊死戰。

所以回顧七七事變的歷史，我們可以發現，七七事變的確是中日之間全面戰爭爆發的起點，不過，事實是，七七事變的本身，卻是一件小到不足以成為軍事衝突藉口的事件。這眞是所謂星星之火可以燎原的眞實寫照。絕對不是七七事件的本身具有如此重大的爆炸力，而是七七事變只是一個導火線，眞正讓中日爆發戰爭的是，日本那種狂妄與永無止境的對中國欺凌。

兩岸關係如履薄冰

那麼我們以歷史的眼光，來看兩岸的局勢，就可以看出一些歷史的危機對照。老實說，假如目前中國大陸還在全力推動「文攻武嚇」的動作，兩岸關係可以說是緊張但是還沒有絕對的危險，因為文攻武嚇的用心，還在企圖以警告挽回兩岸之間的關係。但是，一旦中國大陸放棄這種警告的姿態，而用心實實在在的進行調兵遣將的作戰佈局，而且下達「擁軍支前」的政策，那麼兩岸離一九九五年閏八月，可以說是不遠了。在陳水扁當選之後，兩岸已經進入衝突的臨界狀態，任何很微小的事件，都會引爆兩岸的正式衝突。

中國大陸軍方眞正考慮的挑戰，還是來自美軍是否直接介入，以及介入的程度會有多大的問題，因爲與美軍相比，中國大陸在海空軍的實力，還是有相當的差異，中國大陸希望萬一爆發台海衝突，最好是一場高科技的局部短期戰爭，最好美軍能夠知難而退，否則解放軍也要迅速的能夠擊敗美國的航空母艦戰鬥群，以瓦解美國的戰志，減少中美衝突對於中國經濟發展的影響。

但是，中國大陸是絕對不可能因爲顧慮經濟因素與中美關係，就可以放任台獨政府的發展，所以，台灣人民若是不能自己動手清除台獨，中國大陸政府遲早會被迫介入的。

所以，在完全沒有互信的兩岸臨界關係之下，何處是兩岸的盧溝橋事件？很可能只是一個微不足道的事件、爭議或是誤會，就可能引爆這種高度不確定狀態的危機。台獨政客千萬不要以爲，以「四不」政策的虛招，就可以瞞天過海的繼續大搞台獨，不正式宣佈台獨就可以使得中國大陸沒有武力保台的藉口，從歷史大事變的

「爆發」紀錄而言，絕對不是這樣的看法，只要歷史處在衝突的臨界狀態，任何一個微不足道的小意外，都會引爆歷史全面的大變局。統一是中國歷史眞正的大事變，根本就不需要什麼藉口，它立足在全民族的共識事實之上。

回顧歷史，對於引爆歷史重大危機的爆發，歷史的紀錄常常就是如此的令人感到意外。台灣人民能夠看清台海危機的脆弱結構嗎？兩岸局勢的不緊張絕非局勢的沒有危險，誰也不能知道，哪一個微不足道的摩擦，也許就會產生失控的效果，而導致全面衝突的爆發，正如盧溝橋事變引爆世界大戰一樣的意外。假如要想釜底抽薪的解決閏八月的問題，還是一句話，台灣人民有權選擇消滅台獨的禍根，做一個中華復興歷史的參與者。

在考慮兩岸關係危險但是不緊張的變局時，必須瞭解「突然性」是戰略的本質。

4 海峽戰雲誰主沉浮？

戰爭最終的勝負，決定於國力與戰略的格局，軍方只是一個執行的角色而已。

以目前的兩岸局勢而言，只要台灣當局回到一個中國的憲政立場，兩岸和平互助發展都來不及，哪裏還有什麼爆發戰爭的必要。不過，由於台獨之子陳水扁執意要搞暗獨到底，兩岸之間的軍事衝突危機，當然起起伏伏的陰魂不散。因此，比較兩岸軍事衝突結果的「報告」或是「小說」，也就大行其道了。

其實，由於兩岸的戰略格局有著根本的差異，因此兩岸眞的很難進行戰爭的比較。不過，從台獨政權喊出「決戰境外」的戰略構想之後，兩岸的戰爭危機，又更爲接近事實了。

從戰略的思維而言，「決戰境外」的構想，將會瘋狂的「毀滅台灣」。因爲假如台獨政權眞的要執行「決戰境外」的戰略構想，台灣每年的國防預算至少要比目前增加十倍以上（接近中國大陸目前的實質國防預算），還要增加可觀的兵力，還要經過好幾年的投資與準備，以及國際強權的全面支援，台灣才大概可能在境內建立制太空權、制電磁權與制空權，這樣台灣才勉強有可能將決戰兵力放在境外決戰。而這個預算規模已是接近台灣目前國家預算的兩倍，台灣政府難道要不吃不喝的全國軍事化？那麼台灣的經濟必然崩潰，台灣人民必然成爲台獨暴政的難民。

台灣與中國大陸相比，台灣眞的是完全沒有戰略縱深，台灣絕對處在內線作戰的架構下，要想決戰境外，絕對會遭到「先制攻擊」的制約，而且幾乎沒有支持後續作戰的運作空間。台灣戰略縱深太小，所以，台灣所有的戰略基地，都在中國大陸第一波奇襲的摧毀目標之中，台灣人口密度是如此之高，根本無法多興建戰略基地與發展移動戰略目標，要玩外線作戰的「決戰境外」，台灣自己就會先被這個戰略拖垮。

別拿蔣介石時代俞大維的戰略思考「制敵於境外、殲敵於灘頭」做爲詭辯，因爲時空環境完全改變了，當時中國大陸的空軍不出海，海軍不離岸，更沒有制太空權、制電磁權與制海底權，台灣海峽可以做爲殲敵的戰場，假如今天台灣與菲律賓作戰，台灣當然可以「決戰境外」於巴士海峽，甚至是呂宋島。

不過，這個偉大的戰略幻想，倒是台獨基於政治心理需要的「幻想症」，因爲長期以來，台獨一切的政治理想，都在台灣無法抵抗中國大陸的武力前提下幻滅。所以，台獨政客在急怒攻心與老羞成怒的心理壓力之下，竟然「幻想」可以與中國大陸進行「境外決戰」。這個可笑的台獨「軍事幻想」，暗指台獨政府不但有能耐擊敗中國大陸的武力統一，甚至可以將決戰深入中國大陸，至少在台灣海峽，也就是在台灣的境外摧毀中國大陸的軍事力量，縱然爆發兩岸戰火，台灣可以安啦！面對台獨政府這種瘋狂的戰略挑釁，中國大陸軍方當然對於台獨的狂妄，到了忍無可忍的地步，不但決定要早打台獨，而且要狠打台獨，而台灣人民也就難免成爲台獨自殺戰車的人質。

台獨的戰略幻想

雖然，過去與目前，台灣政府首長與軍方的一慣公開立場，都是台灣有絕對勝算的防衛台海能力。但是多數的台灣人民卻對於這種說法，沒有眞正的信心。因此，無論台獨政客如何的運用民粹主義的迷幻大法，每當台灣人民清醒的考慮到兩岸的軍事差距之後，就會拒絕支持台獨的主張，所以對於台獨的政客而言，是恨死了中國大陸的武力優勢，在這種強烈的心理壓力之下，台獨開始編織自己的戰略幻想，決戰境外絕非是一時的脫口而出，而是整個台獨戰略的夢幻境界，台獨作夢希望有能耐在台灣境外決戰。

而這個戰略幻想的危險性，根本忽略了台灣與中國大陸之間根本戰略架構的差異，中國大陸是一個戰略縱深極大，軍備體制極強，組織動員極嚴密的國家。而台灣根本沒有戰略縱深可言，更沒有自己的軍備發展體制，軍心、民心都極其脆弱，說句實在的玩笑話，中國大陸可以開放福建的海岸，甚至支援台灣軍隊渡海的運輸工具，讓台灣的陸海空三軍都在福建境內集結完畢，然後再進行決戰，台灣的那點守備兵力，若是眞的到了中國大陸的境內，恐怕都還不夠解放軍吃點心呢！台灣目前已經務實的放棄外島防衛，若是跨過海峽中線，台灣別說境外決戰，台灣就連支援外島的要塞防衛戰都辦不到！因此，外島守軍沒有打法，只有死法。

首先，光是台灣要後勤支援二十萬渡海反攻大陸的台獨大軍，台灣的海軍就會自己累垮掉，福建的作戰面積，就有台灣的三倍，台軍登陸福建，連東西南北都摸不清，能夠如何佈署應戰。老實說，當今之世，還有哪個部隊敢在中國大陸境內進行地面作戰的？台灣三百五十架的攔截戰機在離開強網系統的主控（另外必須問一下，台灣空軍有足夠合格的戰鬥機飛行員嗎？），能夠提供海峽到福建戰區的空優控制嗎？若是台灣的主力都到「境外決戰」，台灣本島兵力空虛，能夠防範中國大陸乘虛而入的直搗黃龍嗎？台軍以攝氏三十二度就要停止操練的標準，恐怕根本就不知道慣於「打硬戰、打血戰、打死戰」的解放軍精銳部隊，是如何作戰的。

境內決戰，死裏求生

以兩岸戰略的結構而言，其實，台灣方面唯一的戰略優勢，就是依賴海峽的阻隔，運用各種方式，迫使中國大陸絕對的優勢兵力無法迅速有效的跨越海峽在台灣本土登陸集結。台灣再動用所有的兵力設法進行殲敵於灘頭的頑抗，讓中國大陸付出沉重的渡海作戰代價，中國大陸若是無法在短期中獲勝，而在考慮國際社會與國內政治的壓力下，迫得中國大陸不敢輕易的嘗試渡海之戰。兩岸是一大一小、一強一弱的戰略態勢，也就根本決定台灣處在內線作戰佈局。

因此，假如爆發台海之戰，先不論兩岸勝負，台灣絕對是面臨「決戰境內」的打法。台獨的政客與軍事專家，要對台灣人民有點良心，你們可以主張台獨，可以叫台灣人爲了台獨理念，玉石俱焚的勇敢「抗敵」，但是你們絕對不能蒙騙台灣人民，說兩岸戰爭是決戰境外的作戰。

這絕對沒有貶低台灣國軍戰力的意思，因爲台灣在與中國大陸之間的國力與戰略格局中，台灣原本就是陷於被動與弱勢的架構，除非中國大陸自己爆發內戰，使得戰略的優勢逆轉。否則，兩岸的戰爭，台灣軍方唯一的戰略選擇，只能在本島防衛戰中，做好「決戰境內」的準備，說不定還有死裏求生的機會，台灣人民當然更要做好與決戰「同歸於盡」的準備。台獨奢言決戰境外，只會讓台灣有限的兵力「在錯誤的時間、錯誤的地方、錯誤的佈局」而完全的被犧牲掉。

假如陳水扁與民進黨眞的要貫徹決戰境外戰略指導原則，無異對於台灣是做出全方位戰略錯誤的佈局，可以說是要把台灣推上台獨砲灰的死路而已。其實，陳水扁決戰境外的另類解釋是，台獨分子「夢想」（當然是自己一廂情願的想法）的宗主國，不是台灣而是日本與美國，因此，台獨要台灣人民為宗主國的利益犧牲，決戰地點當然是台灣，是宗主國的「境外」。另外，當戰爭爆發之後，台獨政客會組織流亡政府，用台灣人民的錢，溜到宗主國進行「決戰境外」。

戰略與軍力上的不可能任務

當然，筆者也與許多台獨軍事專家談過台獨的決戰境外戰略構想，他們的意思是，台灣在中國大陸準備集結兵力進攻台灣之前，台灣先發制人的發動深入中國大陸進行攻擊，台獨軍事理論家的構想是，台軍空中武力，可以深入中國大陸進行攻擊，將對長江以南、珠江以北地區的中國大陸軍事戰略目標，進行全面的空中攻擊摧毀（這個戰略縱深幾乎是台灣的二十倍），經過這樣大規模摧毀性的攻擊，造成中國大陸攻台的軍事集結運作陷入癱瘓，因此就無法對台灣發動渡海攻擊了，台獨也就贏得決戰境外的勝利。

這個對中國的作戰構想恐怕只有美軍才敢「幻想」一下，對於台灣極其有限的空中兵力，又沒有戰略縱深的依托而言，是絕對的不可能。台灣根本沒有攻擊中國大陸的導彈，三百五十架以攔截爲主的戰機，無論在數量與性能上，根本不能負擔深入攻擊中國大陸廣大地面目標的任務。因爲中國大陸的戰略縱深太大，軍事目標極多，而且隱閉與防衛狀況良好。憑台灣這點空軍實力，就是在強網系統的指揮下，面對中國大陸的全面作戰，恐怕連防衛台灣領空都感到吃力，若是要想深入中國大陸嚴密的防空網上千公里腹地，進行孤軍深入的單兵作戰，根本就是戰術上的自殺。

中國大陸的防空網，只要採取梯次防衛的誘敵深入打法，台灣空軍就會陷在中國大陸的防空包圍圈中，損失將會極其嚴重，同時中國大陸的太空與空中打擊力量，還可以同時乘虛而入的直搗台灣極其有限的空軍基地，台灣飛機根本回航無門，縱使迫降在高速公路上，在沒有維修與補充的後勤支援下，等於失去戰力。而攻擊中國大陸廣大數量的戰略目標，絕對不是台灣發動十次、八次的空襲就能完成的，恐怕就算中國大陸坐著給台獨攻擊，台獨也要進行個幾千甚至上萬次攻擊，打上一年半載的，也不見得收效。中國大陸別的軍事長處不提，單是戰略目標的隱閉、偽裝與防護做法，絕對是世界第一流的，這是中國大陸的軍方傳統，也是從越戰經驗學到的技能。

舉個實例，美軍攻擊北越那點小地方，面積還沒福建大，北越在中國大陸的防空指導與支援下，讓美國轟炸了幾年（包括B52戰略轟炸機），但是，美國的空中攻擊戰果也非常有限，越共照樣將大量的兵力與武器，越過胡志明小徑南侵。北約攻擊南斯拉夫，面積比福建還小一點，盟國動用地面攻擊力極強的戰機，在衛星精確的指導之下，就足足花了七十四天，還沒能有效的癱瘓南斯拉夫的軍事目標。相形之下，台灣有限的空軍攻擊戰力，如何在中國大陸重重防空網中，完成比台灣大上十幾倍面積的戰略攻擊（隨便提醒一下，中國大陸的面積約是台灣的三百倍左右，中國大陸的軍力、戰力、國防經費、國防科技水準實力，都遠遠優於台灣，那麼中國大陸會抱著導彈、戰機坐著挨打？還是會主動出擊呢？）。

危險遊戲，毀滅台灣

更令人感到恐懼的是，一些台獨軍事專家竟然表示，台灣的確秘密擁有可以深入攻擊中國大陸的導彈，甚至有核子彈頭，當然這種說法筆者早已「聽說」，但是台灣若是眞的擁有這些自以爲可以決戰境外的武器，其對台灣的危險性更大。像劉泰英的導彈反擊論，就是這些「想法」的代表，幸而國軍堅決表示，台灣不會搞核子武器。

類似劉泰英的說法，會受到傳播重視的原因是，因爲精於與軍火商打交道的李登輝，若是眞的在日本軍國主義分子的支持下，花天文數字的銀子，以零件組裝方式，從國際黑市軍火市場，走私幾件這類的武器，在台灣組裝，當然是不無可能。但是其數量與功能必然是絕對的有限，而秘密組裝性能更無實際的測試，更沒有可以運用這些武器的合格部隊，否則中國大陸甚至國際社會，都不可能不知道（中國大陸有多枚軍用人造衛星，日夜偵察台灣，中國大陸對於台灣高階軍情的滲透，更是到了驚人的地步，美國更是絕對阻止台灣擁有這類武器），假如台獨政客眞的要拿這兩件「夢幻」武器攻擊中國大陸，恐怕還沒有發射，就會在台灣本土鬧出軍事意外的重大事件，因爲核子導彈需要非常精密的維修與備戰工作，否則還沒有發射就會在自己境內鬧出嚴重意外，同時更會讓台灣招致中國大陸先發制人的攻擊，與國際社會的強烈制裁。

就算台獨政府能夠成功發射「兩枚」核飛彈攻擊到中國大陸（如劉泰英所說的，兩枚導彈分別打到香港、上海），那麼對戰略縱深極大的中國大陸而言，也只會產生有限的損害。但是，中國大陸遭到來自台獨這樣毀滅性手段的攻擊，絕對會發動摧毀台獨的反擊手段，而讓台獨永遠從地球上絕跡，沒有戰略縱深的台灣也會跟著殉葬。

老實說，單是台獨軍事專家的這類說法，就很可能會讓台灣招致中國大陸的主動與毀滅性的攻擊。因為中國大陸若是找到台灣擁有這種武器的證據，必然會搶先動手加以摧毀，假如中國大陸無法確定台灣是否擁有這種武器，那麼中國大陸也不可能一直坐以待斃的苦苦等待，還是會提早動手拔掉台獨的這個威脅。

兩軍沒有作戰的必要

假如從當前的局勢來看兩岸的軍事衝突，實在是令人感到非常的不甘心，因為兩岸依照法律與政策的現狀，解放軍不會「解放台灣」，國軍不會「反攻大陸」，所以，目前兩岸兩軍根本不應是敵軍，若不是因為台獨的出現，兩岸根本已經沒有軍事衝突的原因。無奈的是，台獨不但非要挑起兩岸的軍事衝突，而且誤導台灣人民，台獨有本事可以決戰境外，因此，假如眞的爆發海峽戰雲，將是歷史上最為可惜的戰爭。

以兩軍的任務而言，台獨已是兩岸軍力的共同敵人，要讓維護中華民國的「國民革命軍」成為台獨政府的砲灰，將是歷史最大的諷刺，同樣的，由反台獨的解放軍與反台獨的國民革命軍，拼個你死我活，但是台獨政客卻可以席捲台灣人民的血汗錢逍遙國外，更是情何以堪的矛盾。

當然經過李登輝長期的洗牌之後，國軍是否已經變質為「台軍」，不再反台獨，反而成為捍衛台獨政權的武力，就成為當前台灣武裝力量的自我認同之爭。至少在目前，國軍在形式上，仍是反台獨的，那麼這些維護中華民國的反台獨國軍，原來應該是防衛太平洋之珠台灣的勁旅，是中國進出太平洋的前鋒，是中國南海戰略安全的側翼，是切斷日本南進島鏈的利刃。國軍只有在解放軍要摧毀中華民國存在、危害中華民國人民私人財產安全時，才有責任與解放軍作戰，假如解放軍是為中國統一與消滅台獨而戰，那麼這場仗該不該打？對國軍就是一個問題了。

國軍為何而戰？

「國已非國，軍將爲何而戰？」這句話出自國軍中多位曾任高階指揮官的口中，已經開始反應一些國軍上層將校精英的想法，這些曾經決心誓死抵抗解放軍犯台的國軍退役將校們，目前在親自看過中國大陸的變化之後，已經有人開始思考，面對中國大陸的「非共化」與台灣的「去中國化」巨變，國民革命軍該「爲何而戰」？難道要國軍成爲台獨的砲灰？成爲阻止中國統一的歷史罪人？他們的想法也會很自然的會逐漸傳給現役的國軍將校。

兩岸的關係發展，的確到了難以敵我衡量的地步，一方面，台灣早已成功的「反攻大陸」，目前在中國大陸，至少有五萬家台商、三十萬的台胞在中國大陸工作（相當五個軍團的兵力），每年有超過二百萬的台灣人民前往中國大陸，更有一兆二千億台幣的資金「資匪」發展。同樣的，中國大陸提供台灣企業一個發展與生存的空間，供給台灣大量的外匯順差，數量已經超過台灣所有的外匯存底總數（這些外匯當然是台灣購買二代戰機、軍艦的本錢）。

目前，台灣每五通島外電話，就有三通是打到中國大陸（包括香港），每三個人離開中正機場，就有一個前往中國大陸，每四艘離開高雄港的船，就有一艘轉往中國大陸。中國大陸十年來提供台灣高達一千億美元的外匯收入，台灣的發展與繁榮，根本與中國大陸息息相關，中國大陸的改革開放，也得到台商不小的幫助，原本兩岸的交流、合作進而統一，是水到渠成的事情。但是，由於台獨藉著民粹主義已發展成爲台灣的政治主流，台獨政權要求台灣人民把中國大陸視爲「敵人」，要確立敵我意識，陳水扁竟然要台灣的國軍發展「境外決戰」的戰略指導原則，也就是說，國軍爲了捍衛台獨政權，要把戰火帶向中國大陸。這個戰略構想非常的不切實際，但是卻顯示出台獨狂妄的心態，準備要兩岸同歸於盡。

雖然在國共戰爭時期，以及冷戰時代，國軍與解放軍曾經爲了不同的政治意識形態與政治經濟社會制度，而展開長期與多次的戰場對決，解放軍要想「解放台灣」，也就是要摧毀台灣現有的政治制度與改變人民的生活方式，納入共產主義體系之中，國軍則是背水一戰，堅決的捍衛中華民國的政治制度與人民的私人財產安全。

但是基本上，這兩支屬於「中國」的武裝勁旅，在歷史上曾經同為一源，而且有過合作，先後都為中華民族對抗過國際強權，立下赫赫的歷史戰功。目前，兩岸的冷戰已經結束，中華民國政府已經正式中止了「動員戡亂」，以法律與政治層面而言，中國大陸政府與解放軍對於國軍而言，已經不是「偽政府」與「匪軍」。照理說，當前國軍的歷史任務，剩下的應該是反台獨，因為台獨是摧毀中華民國的叛亂政治勢力。

目前中國大陸方面，早已放棄「解放台灣」的政策，而是希望兩岸和平統一，以「一國兩制」來解決兩岸的分裂，照理說，解放軍不再以武力威脅中華民國，更不會奴役中華民國人民，也不會搶奪人民的私人財產，解放軍的任務也成為反台獨，那麼兩軍還有作戰的必要嗎？

兩岸兩軍對立的矛盾

兩岸的兩軍既然在立場與認知上，已經互不敵視對方為「敵軍」，反台獨又是兩軍共同的信念與歷史使命，台獨在法理上成為兩岸兩軍的共同「敵軍」，那麼為什麼台海的兩軍不能合作，為兩岸的中國人，共同護衛中華民族進出太平洋的門戶，以及共同建設中華民族海洋世紀的基地呢？

對於中國大陸的解放軍而言，今天已經沒有「武力犯台」的問題，因為中國大陸已經放棄「解放台灣」的共產主義「興無滅資」教條，反而全力與台灣進行全方位的民間合作，全力把兩岸的經濟搞好，以改善兩岸人民的生活，充實兩岸的國力，為中國進入海洋世紀，做好歷史的準備。

但是由於台獨民粹主義的興起，加上在台灣國軍內部出現了迷失原則的嚴重問題，國軍的反台獨立場，已經成為升官的政治大忌，使得解放軍不得不單獨負起打擊台獨的歷史責任，因此，如何的「武力保台」反台獨，就成爲解放軍的當前歷史責任了。

面對台獨政治力量主控台灣政局，兩岸和平統一的機會逐漸渺茫，所以中國大陸的解放軍，必須要進行全方位的反台獨「武力保台」準備，中國大陸對於反台獨的戰略，從「心防」、「民防」、「國防」的三個層次推動，動員之廣與準備之密，可以說是達到前所未有的地步，由於反對台獨分裂、完成國家統一、保障國家安全、促進民族利益，都是全體中國人的共識，所以中國大陸若是發動武力保台的作戰，當然是「得道者多助」，粉碎台獨的歷史逆流，中國大陸的軍方更是有絕對的信心與把握。

至於國軍方面，正在掙扎著是否投降變質成爲「台軍」，假如中國大陸是要解放台灣，國軍若是不接受共產主義，當然要抵抗，假如中國大陸是要消滅台獨，統一中國，國軍是要抵抗還是不要抵抗呢？這就是所有國軍心裏的秘密了。

兩軍不願自相殘殺

不過，目前解放軍的武力保台戰略，面臨兩個重大的顧慮，其一是可能與美國發生直接的軍事衝突，其二是必然會傷到反台獨的國軍。

其實解放軍倒不怕與美軍正面較量，雙方曾在韓戰已經交過手，在越戰也玩過半場。雖然在武器裝備上，中國大陸不及美國許多，但是在作戰能力與意志上，中國有其優勢。

但是，以歷史關係與國家利益而言，中美之間實在沒有必要再起戰爭，問題是在日本與台獨的「生命共同體」的結構上，美國部分的政治人物，無法擺脫與日本的利益關係，也誤解了中國與美國的關係，所以雖然目前兩岸與美國的經貿與民間關係十分的密切，兩岸與美國的經貿與投資，超過日本，兩岸在美國的移民與留學生，也是超過日本，但是受冷戰時代美日長期的結盟關係影響，造成台獨與日本，一起設法拉美國下水，成為中美軍事衝突的導火線。

中國大陸政府當然不怕台獨的挑戰，也不怕給日本一些「狠狠」的教訓，但是中國大陸基於國家利益的需要，一方面非常愼重的考慮，避免在打擊台獨時，與美國爆發正面的軍事衝突。同時更要考慮，假如在逼不得已的情形下，要與美國軍事進行「低中程度」的交戰時，中國能否施出絕招，讓美國知難而退，正是解放軍設法全力準備的方向。

另外解放軍對於武力打擊台獨，必然會與反台獨的「國軍」爆發流血衝突，更是感到非常的棘手與無奈，因為假如兩岸局勢眞的要走到「武力保台」的這一步（事實上也許眞的只有半步之遙了，要不然解放軍也不會動員到這樣一個臨戰程度），解放軍要打擊的當然是台獨而不是反台獨國軍，問題是戰爭一旦爆發，眞正的台獨政客，必然會溜到「主子」的國家去進行「境外決戰」（其實在國外，大家都知道的秘密是，絕大多數知名的台獨政客，早就在美國與日本留有後路與安排，只可憐台灣人民不知道罷了），而在戰場上眞正死傷的，竟是反台獨的國軍，因此解放軍認爲，這個戰爭打得實在是「不必要」。

在解放軍人士中，不少人對於在台灣的國軍將校有著惺惺相惜的好感，因爲兩軍出於一源，也曾經共同抗日，目前更是同樣的反台獨，因此，假如台灣能夠自行消滅台獨，如此兩軍復合，共同爲中國的海洋世紀做出歷史的貢獻，豈非歷史的佳話，未來中國的太平洋艦隊，包括核子潛艇與航空母艦的基地，當然設在台灣，三百八十萬平方公里的海洋疆域與發展，其中心也以台灣做爲最佳選擇基地。

正是因爲台灣在中國的戰略地位與歷史發展空間是如此的重要，所以解放軍是無法放棄自己捍衛中國領土、領海的基本責任，若是「國軍」變質成爲「台軍」，甘爲台獨砲灰，那麼兩軍歷史之戰當然難以避免，到時候歷史會做出千秋的評判。不過解放軍對於那些已經變節成爲「台獨防衛軍」的國軍，可以說是恨之入骨，到時候一旦動手，絕對不會心慈手軟，而會大打、狠打，縱使追到天涯海角，也要把台獨的捍衛戰士打成歷史灰燼。

台海兩岸兩軍的戰略基礎差異

無論如何，由於台獨勢力的發展與影響，造成海峽兩岸之間的軍事緊張不斷的升高，雖然兩岸兩軍，都在設法避免戰爭的發生，但是台獨政治勢力一日不除，兩岸軍事衝突的危機，就會一直存在。因此有關兩岸軍力對比的問題，也就成為全球所共同關心的問題，由於軍事機密以及政治觀點的需要，專家們對於有關兩岸軍力的評估，往往就出現極大差異的結論。

有專家預測，兩岸一旦爆發戰爭，中國大陸可以在四十五分鐘之內，就取得台海制空權，之後，在中國大陸絕對優勢的兵力全方位的攻擊之下，在幾十小時之內，台灣就會失去有組織的反抗。但是也有專家認為，中國大陸至少要到二〇〇五年，才能取得台海的軍事優勢，目前中國大陸的軍力，還不足以威脅台灣。

這種巨大的觀點與結論的差距，多少反應出政治觀點的需要，以及戰略戰術發展的代溝，相信中國大陸可以在幾十小時內，以武力解決台灣的專家，是中國強兵論的支持者，他們從制太空權、制海底權以及制電磁權的最新戰略觀點出發。而宣稱中國大陸目前無能力攻打台灣者，當然是台獨政治的支持者，試想假如台灣人民知道，中國大陸可以在幾十小時就能結束台海之戰，那麼台獨的政治勢力，還能得到多少支持的民意？而他們的觀點，還是停留在類似諾曼地登陸的制空權、制海權的觀點看台海決戰問題，有些像軍事考古學。

不同類別的比較

筆者認爲，硬要兩支有相同歷史淵源，同樣是反台獨的中國軍隊，再進行一次「不必要」的流血內戰，是一件非常殘忍的事情，同時硬要比較兩軍的戰力高下，也是非常不公平的事情，因爲本質上，目前兩岸兩軍建軍備戰的戰略基礎，就處在一個不同的格局架構之下。有如要比較成吉思汗的騎兵團與現代直升機戰鬥旅的作戰一樣，勝負雖然可知但是絕對不公平。

中國大陸的建軍戰略構想，在於維護中國在亞洲的戰略安全與利益，並有全球戰略出擊的準備，而台灣的建軍戰略構想，只在於守衛台海安全而已，因此嚴格而言，兩岸的軍力根本形成不對稱的比較。有如一個重量級的中國功夫選手，與一個輕量級的西洋拳手，進行完全不對稱的拳賽，雙方連交手的規則都不一致，中國功夫是拳、掌、指、腳、頭、肘、膝等全身都可以做爲攻擊或是防守的部位，而西洋拳只能使用拳攻擊上半身，因此硬要比較中國功夫與西洋拳，有點像比較跑步與游泳誰快一樣的奇怪。

撇開過去內戰的恩怨，兩軍都有其對外輝煌的戰績，國軍是抗日戰爭的主力，解放軍的韓戰、印度、越南戰爭，因此，若將國軍放在中國大陸的戰略格局下，自然會有極大的表現空間，若將解放軍放在台灣的格局，也一樣的會受到極大的限制。進行兩岸的軍力對比，絕對不是有意貶低哪一邊的軍人能力，而是「時也、運也、命也」的不同佔了更大的影響因素。

兩岸的國力與兵力差異

首先，戰力絕對是國力的延伸，戰爭的勝負要全方位的考慮國力、戰略與兵力的結構與佈署，所以首先要分析兩岸的國力、兵力與戰略縱深。中國大陸擁有十二億五千萬人，因此兵源不但絕對不成問題，而且可以精挑細選組成精銳之師，解放軍現役兵力二百五十萬人（軍官士官全是專業軍人，士兵也有一定比例的專業兵），中國大陸的行政控制、國防動員都是世界一流的，所以中國大陸無論在兵源、兵力與全民支援，目前都是全球第一，只有武器裝備落後。在維護國家領土與安全的前提，更是萬眾一心的作戰意志泉源（早已不是解放台灣的武力犯台，而是消滅台獨的武力保台了）。

中國大陸的戰略縱深更是擁有九百六十萬平方公里的面積，以及絕對多元化與複雜的地形地貌，所以，中國大陸有足夠的戰略空間可以進行防禦縱深與隱藏攻擊企圖。國防預算（公開部分）一百五十億美元，若依據購買力與隱匿的預算推估，多數的專家同意，中國大陸實際的國防支出，將近八百億美元（全球第二）。名目國民生產毛額總值一兆八百億美元（全球第七），若以更爲眞實的購買力平價分析，中國大陸的實質國民生產總值，應爲四兆美元（全球第三）。若以全面戰力而言，中國大陸已經是全球第二強國，特別是在亞洲大陸作戰，中國大陸更是全球無敵（當然作戰與否還要考慮經濟、政治與社會影響）。

台灣人口二千二百萬，現役兵力三十八萬（除少部分軍官、士官外，全是數饅頭的待退充員兵），面積三萬六千平方公里，但是由於國家認同分歧，行政控制力低，政府與民心更是無緊急應變的能力，一旦兩岸眞正交戰，人民的作戰意志與兵源都會發生問題（至少在目前台灣人民還沒有堅定的認同台獨，國軍內部更是相當的抗拒台獨）。面對中國大陸，台灣的戰略縱深幾乎不存在，所有戰略與戰鬥基地，幾乎全在面向中國大陸的西部平原人口稠密地區，離海岸線又都極近，因此，很難有承受中國大陸全力第一擊的能力。台灣的國防預算只有八十五億美元（若依實質購買力，由於物價與政治原因，應該要再削減，要知道，同樣的武器，台灣永遠買到全球最貴的，人事費用更是負擔沉重），台灣名目國民生產毛額爲三千億美元，實質生產總值應該更低，因爲台灣的物價相對偏高。但是若以同量級的軍事國家而言，在國民革命軍的傳統與台灣的人才裝備配合下，台灣的國防力量應是明星級的水準。

若是從國力評估的趨勢比較而言，兩岸的差距將會越來越大，以國民生產毛額而言，預估在二○○五年，中國大陸可達一兆八千億美元，台灣只有四千二百億美元，而中國大陸的國防預算將會隨著國力的大幅增長而水漲船高，台灣在競選支票競相散盡家財的狀況下，國防預算能夠不減就算是萬幸的了，到了二○一○年，中國大陸的國民生產毛額更將達到三兆二千億美元，台灣只有五千四百億美元，兩岸國力差距更遠了，國防實力也就更不能相比了。

就以海空軍而言，未來十年之內，中國大陸至少有六種自行或是合作生產的新式空軍戰機服役，台灣是否有研發新戰機的國力與計畫，還是一個重大的問題，在海軍方面，中國大陸將會擁有包括航空母艦與新式核子潛艇的全新艦隊，台灣還是要買或是仿製一些近海防御的外國軍艦而已。

兩岸的「為何而戰？」

在論及眞正的作戰，當然不能全從武器裝備的角度來分析，最爲重要的是，要考慮兩軍的士氣因素，當中國大陸方面提出統一國土、洗雪歷史恥辱的「爲何而戰」方針，在中國大陸的軍方，可以說是得到熱烈的擁護，針對打擊台獨的建軍備戰所有運作，幾乎是得到軍方自動自發的投入，全軍上下力爭成爲人民英雄與台灣英雄軍的歷史榮譽。據解放軍相關的人士表示，中國大陸部隊在最近一年操練的狀況，甚至已經超過當年「防美抗蘇」的準備，一支堅實臨戰的衛國雄師，正在等待歷史的考驗。

反觀台灣的國軍，原來爲反共而戰的原則方針，恐怕已經開始失效，因爲瞭解中國大陸變化的軍官，與去過中國大陸旅遊的充員兵，都知道解放軍並非戰爭狂徒，兩岸若是統一，中國大陸更是不可能奴役台灣人民、搶奪台灣人民的生命財產。台灣軍方的上下，越來越多的親朋好友，都在中國大陸發展，他們知道中國大陸復興的眞相。至少在目前，國軍還不能眞心認同爲台獨而死，那麼國軍爲什麼要犧牲自己的生命與前途而與中國大陸作戰，擔心自己會不會成爲台獨的砲灰與中華民族的歷史罪人？

料「敵」從寬，量「己」從嚴

在評估兩岸的軍力之時，我們不得不注意一個重大的差異，就是有關中國大陸的眞正軍力，我們大都是最爲保守的估計，不但因爲中國大陸的軍方眞正部署都是機密，更是因爲中國大陸低調與務實的戰略姿態，從來不願以炫耀武力來誇大自己的戰略力量，就以一九九九年中國大陸五十年國慶的大閱兵而言，表現得還是非常的保守，許多軍事專家都相當的失望，因爲他們原本預期中國大陸會展出許多尖端武器，來與情報驗證，但是中國大陸卻沒有這樣做，以展出的新式「飛豹」攻擊機而言，根本就是中國大陸早已服役成軍幾年的戰機。

但是有關台灣方面的軍力，由於預算與採購的近乎完全公開，以及完全沒有戰略縱深的空間隱閉，同時也要膨脹自己的武器先進形象，否則面對台海安全，台獨的主張根本就沒有立足之地，所以公開資料大體非常接近事實，能夠隱藏的誤差非常有限，甚至還有灌水的嫌疑。

舉例而言，以中國大陸最爲重要的核子戰略武器夏級核子戰略潛艇的數量而言，國際軍事專家通常的結論是只有一艘服役（還繪聲繪影地傳說，另外一艘試射時損毀），但是也有些相當權威的情報指出，根據最新的資料研判，目前中國大陸很可能有最高多達十艘的夏級潛艇服役。另外，有關中國大陸新一代的核子攻擊潛艇代號〇九三，多數的公開資料是尚在建造之中，但是最近在情報界中，已經聽到〇九三核子潛艇可能已正式服役的消息。另外〇九四的導彈核子潛艇，原本情報說是二〇〇五年才能服役，但也有最新情報表示，〇九四已經下水，同時在太平洋做過操演，這種潛艇與台海戰局無關，但是一艘〇九四潛艇，幾乎就可以讓美國五十個州中的多數目標，都遭到核彈攻擊。

而有關最受矚目的中共殲十戰機的發展，雖然多數的公開資料仍然認爲尚未量產服役，但是已有情報指出，功能優於F16的殲十戰機，目前可能已經開始量產服役，參與一些重大的軍事演習了。

當然，筆者並非完全相信這些「非公認」的情報，但是大家也要知道，西方國家已經公開的中國大陸軍事情報，絕對與中國大陸眞正的軍力事實現狀有相當大的距離，特別是近年來美國的情報，品質之低，根本到了難以自圓其說的地步，以波灣戰爭而言，美國對小國伊拉克所擁有的地對地導彈數目的估計，與戰後的實地查核，幾乎差了一倍以上。對於空襲南斯拉夫軍事目標的戰果估計，更是到了完全誤導的程度。情報的基本原則一定要「料敵從寬，量已從嚴」，特別是台獨的政治主張需要情報的支持，因此，要在情報上自己麻醉自己，是最容易在當前政治上討好的做法。

這也涉及到中國大陸軍方「實戰戰略」的觀點，新型武器研發成功，不會對外公佈，新型武器量產成軍與服役，也不會對外公佈，直到新型武器經過長期演訓形成戰力之後，才會非正式的公開。若是以中國大陸的軍方原則，類似台灣的二代戰機，演訓還不到全面實戰階段，是根本不會公開承認與展示的。至於所謂吉尼斯年鑑等國際軍事雜誌，如何報導中國大陸的武器裝備，基本上並不影響中國大陸的戰略佈局與作戰實力，但是卻會嚴重的影響到台灣方面的心防與民防準備。

中國大陸的不對稱戰略發展

由於中國大陸的國力仍在發展之中，軍力當然也有資源分配不均的問題，因此中國大陸採取「不對稱」的戰略發展，就是將資源集中在一些特別重要的戰略制高點上，做出重點突破，再以居高臨下之勢來爭取整體戰略的優勢。目前，中國大陸戰略的特別重點，是擺在制太空權、制電磁權與制海底權的發展，較爲弱勢的是傳統陸海空軍的新式武器發展。因爲中國大陸的軍事觀點認爲，今日戰爭勝敗的關鍵，不在傳統的陸海空武器的新功能，而在更高的太空、海底與電磁戰力較量，中國有足夠的戰略縱深與勇敢靈活的軍人，來彌補傳統武器的弱勢。

特別是在傳統的陸海空軍武器上，過於複雜與新式的武器，在實戰上未必能夠發揮絕對的致勝優勢，反而是經過實戰考驗與功能改良的舊武器，若是配合靈活的戰法與戰術，其功效往往是出乎預估的。這點要特別的注意，一些中國大陸的武器，外表的型號沒有改變，但是內部的功能卻已經有了「大大」的不同。不知爲什麼，台灣軍方「咬死」中國大陸的空軍戰機，沒有「射後不理」的戰術導彈，而擁有全系列各種更爲精密的導彈技術的中國大陸，當然也就樂得讓台灣一直這樣認爲，到時候眞的交戰，吃虧的可是台灣。

衛星導彈與制太空權

首先中國大陸擁有大國戰略才有的制太空、制海底與電磁權軍力配備，目前中國軍用（當然包括軍民兩用的衛星）就有十九顆全自製的衛星在太空服役，全是由自製火箭發射升空（中國大陸的衛星火箭，擁有全球最高的發射成功率，種類涵蓋所有的地球同步軌道、太陽同步軌道與地球低軌道），台灣無軍用衛星，目前只有一顆半癱瘓的實驗衛星，還是由美國代爲製造，法國代爲發射的。由於台灣完全涵蓋在中國大陸的衛星偵查網之中，幾乎所有的軍事目標都已經完全「纖毫畢露」在中國大陸的電腦資料庫之中，特別是台灣的空防神經中樞強網系統所有的罩門，更是早列在中國大陸來自太空的第一擊目標。

而配合中國大陸的制太空權的殺手利器，就是中國大陸擁有全系列的戰略飛彈與巡航飛彈六百件以上（有關中國大陸導彈數量的估計，差距極大，最保守是四百多，每年增加四十枚，寬鬆的估計為一千多枚，每年增加二百四十枚，所有數字都是估計，因為中國大陸軍方從來沒有公佈過任何數字上的資料，由於目前解放軍已經可以量產導彈，從部隊番號與編組推估，解放軍應該擁有四位數的導彈），而能夠攻擊到台灣西部戰略據點的M11與M13導彈，是直接配備在集團軍中，並不包括在中國大陸戰略火箭部隊的戰力範圍之內。台灣方面是根本無戰略導彈的配備，也無攔截的能力（目前全世界也沒有一個國家有這種能力），因此兩岸的制太空權完全掌握在中國大陸的手中。

此外，中國大陸擁有核子潛艇與可以發射巡航飛彈的潛艇十幾艘，絕對可以掌控台海的海底作戰權優勢，台灣只有兩艘能夠發射魚雷的中古潛艇。因此沒有制太空權就難有制空權，沒有制海底權就很難有制海權。

制電磁權的突破

而中國大陸認爲，制電磁權更是現代化作戰的根本戰力，因此，中國大陸從中央指揮系統到作戰的精銳部隊，都已經優先建立電子作戰的編組與戰力，單是以發射EMP炸彈（電磁脈衝炸彈）而言，就足以在瞬間，局部或是全面癱瘓台灣的電力與通訊系統。要知道，中國大陸原本就有著極其優秀的科技人才，兩彈一星都是自己做出來的，只是因爲政策錯誤使他們的才能受到限制而已，在開放改革之後，中國大陸軍方，更是派遣了大量的人才出國學習，同時又大量的招聘到前蘇聯與東歐的軍事專業人才，中國大陸將這些世界級的人才集中在一起，進行國防科技尖端重點的突破，這幾乎是全球公認的事實。

因此，中國大陸電磁作戰能力的躍進，已經是中國大陸不對稱戰略的最爲突出成就，各級電子作戰部隊的組成與在作戰演習的表現，已經成爲中國大陸高科技作戰的眞正「殺手」，威力之強，幾乎使得中國大陸擁有世界級的作戰優勢。而台灣目前才正在考慮規劃建立資訊作戰戰力而已，事實上非常的難，因爲台灣國防預算與人才根本不足。

所謂台海反登陸作戰的勝負，是建立在台海制空權與制海權爭奪的前提之下，但是制太空、制海底與制電磁權，又是決定制空權與制海權勝敗的根本，而台灣在沒有制太空、海底與電磁權的絕對戰略劣勢之下，復不具有戰略縱深的保障，單靠一個寬一百五十公里的台灣海峽做爲防衛屏障，若是要在當前的戰略對抗下，擋住中國大陸全面的攻勢，恐怕非常非常的困難吧！這絕對不是台灣的國軍比較差，而是整個基本格局與環境的命運。

台灣的一些軍方最高將領，居然把中國大陸的絕對導彈優勢，孤立評論，認爲單憑導彈不能佔領台灣，正如許多台獨的軍事專家，也是把各軍種作戰孤立分析，好像空戰只是戰機單挑的空中決鬥，而根本沒有多軍種武器聯合同步作戰的概念。要知道，中國大陸一旦發動全面攻勢，絕對是多軍種聯合同步攻擊，電磁作戰會瞬間摧毀強網系統，密集導彈的飽和攻擊，會在十分鐘內攻擊破壞台灣指管通情系統結構（不是每逢初一、十五的放個三、五顆嚇嚇台灣人），台灣的機場若是遭到導彈破壞，戰機延誤十五分鐘起飛作戰，台灣上空恐怕就已經被幾百甚至上千的「敵方」戰機所控制，自由縱橫的攻擊所有的戰略目標了。

海空軍戰力的急起直追

中國大陸在傳統的海空軍而言，在武器裝備上的確是相當的弱勢，因爲中國大陸的傳統戰略，空軍原來只是防衛型的兵種，目標不在取得空優制敵，只在減輕敵軍的空優對自己軍隊的打擊而已，因此，中國大陸大量老舊的殲擊機，配合其他的防空系統武力，在國土中防禦敵軍的空優攻擊。在台海，過去中國大陸軍機，傳統不出海。中國大陸的海軍，更是採取沿岸防衛的作戰觀念，以小型船艦爲主，有一度連陸戰隊的編制都撤銷，當時中國大陸幾乎完全沒有任何離岸作戰的佈局與準備。

不過，近年來，中國大陸方面也在國力上升的情況下急起直追了，但是目前先藉助外國的現成戰機與艦艇，然後進行仿製與改進，殲十、殲十一的生產成軍，就是解放軍空軍戰力的提升主力。中國大陸的宋級潛艇與〇九三核子潛艇，加上最新「旅海」級的水面艦隻，都已使得中國大陸擁有近海作戰的能力。因此，最近中國大陸的軍事艦艇，已經開始大量的進出日本海域，並且進行離岸的艦隊級三度空間作戰實戰演習。

台灣空軍過去的水準素質很高，但是受制於毫無戰略縱深的致命弱點，以及數量的重大差距，加上一旦強網系統崩解，陸上基地被導彈摧毀，空軍哪有戰力可以發揮呢？注意！這些戰況的發生，都在幾分鐘內出現，若是無法及時處理掌控，制空權就沒有了。

台灣海空軍的未來在太平洋

台灣的二代海軍當然也是一個裝備優異的兵種，問題是，台灣海峽太小了，在現代對艦飛彈的射程與射速已經大幅提升的狀況下，根本沒有作戰的機會與空間，中國大陸擁有五百架的海軍航空戰機（包括最新的飛豹戰機、殲十戰機，以及剛剛買到的SU-30），就是專門以導彈對艦攻擊的武器，而中國大陸的一些艦艇根本就在自己的岸邊，就可以開始以長程超音速對艦飛彈，射擊台灣的船艦了。

假如兩岸爆發軍事衝突，首先在電磁戰的攻勢下，台灣的強網系統失效，制空權立刻失掉，制海底權又是中國大陸的天下，特別是在極淺的台灣海峽，潛艇的作戰具有極大的優勢，台灣的海軍再有戰力，在台灣海峽也是沒有表現的機會。很快的是，中國大陸就可以從對岸的陸上基地，以長程超音速對艦導彈，直接射擊台灣在港口的船艦，台灣海峽在現代飛彈作戰科技之下，爲台獨作戰的海軍，面對狹窄的海峽根本已無防禦的空間可言。

台灣優秀的海空軍，原本就是要以太平洋與南海，做為自己捍衛中國海洋疆域的使命，在這個廣大的海域，台灣的海空軍才有施展戰力的空間。例如奪回釣魚台島，台灣的海軍有地利之便可以發動先發攻擊，中國大陸的海軍負責截斷來自琉球的日本海軍，奪回的釣魚台當然是屬於台灣宜蘭的頭城鎭所管轄。這樣兩岸的中國可以直接控制由東海進入太平洋的海洋疆域門戶，多個幾十萬平方公里的海洋領土（比整個台灣的陸地面積還大幾十倍）。

目前中國大陸擁有五千架的各式戰機，以老舊機種為主，眞正先進的戰機，也只有幾百架而已。不過由於台灣對大陸而言，完全沒有戰略縱深，在數量方面又處於絕對的劣勢，因此，若是兩岸空軍發生小規模的衝突，台灣方面仍然可以擁有局部質量的優勢，但是假如一旦全面戰爭開打，台灣就根本難有招架的本事。

因為兩岸全面的戰爭爆發，首先就是制空權的爭奪，台灣整體防空作戰的神經中樞強網系統，根本沒有戰略縱深的佈局可以防衛中國大陸來自導彈、電磁戰的攻擊，強網系統將會瞬間失效，台灣空軍只能在面對數量絕對優勢的中國大陸空軍，陷入各自爲戰的挨打局面。沒有強網系統有效的整合指揮，台灣空軍在數量上又處在絕對劣勢之下，到時候可以說是到處受到全方位攻擊，戰機能否及時起飛，以及空戰尚未結束，自己的基地是否已經成爲廢墟，都是根本的大問題。

台灣的戰略縱深是如此之小，中國大陸的空中打擊數量是如此的大，與兩岸距離如此的近，幾分鐘的時間失誤，就會造成完全挨打的局面，由於沒有戰略縱深，也就使得台灣空軍沒有迴避作戰、保存戰力、進行決戰的機會，遲十分鐘起飛，機場就已經是一片火海。此外，台灣空軍的作戰後續力更經不起中國大陸序列式的攻擊，因爲目前台灣能夠作戰的飛行員比戰機還少，後勤專業人力也明顯不足，就算是可以在局部小規模空戰上取得優勢，但是持續的幾輪空戰後，台灣方面根本就沒有飛行員與後勤可以承受再戰的能力。

陸軍選鋒的強大戰力

中國大陸的陸軍戰力之強，數量之大，幾乎已是舉世無雙的陸軍戰力，在經過合成化精選組合戰力的中國大陸陸軍精銳，更是全球戰力第一的部隊，特別是七個精選的甲種合成集團軍，以及選鋒的快速反應部隊，目前很難可以傳統的陸軍來衡量它們的戰力，而是一支「合成化」的戰力，擁有摩、裝、砲、航、電、彈、化、特、工、通的合成戰力，可以在任何戰場上，展現打硬戰、打血戰的戰力。

特別注意，中國軍隊最近幾年在參加國際的軍事作戰技能競賽中，屢次獲得全球第一的驚人表現，代表中國軍隊的戰技一直跟上或是超越國際水準（台灣好像根本就沒有報導這種新聞），當然台獨可以說，這是中共好戰的本質展示，得到這種世界第一沒有什麼了不起。但是在兩岸交戰之時，這種傑出的軍力，就會讓台獨「死都不知如何死」。非常可惜的是，國軍不能參加這種國際比賽，也就與世界最新戰鬥戰術技能脫節了。

一般論點認爲，中國大陸對台海戰爭最大的弱點是，缺乏渡海的有效戰力，因此無法對台灣構成實質的戰略威脅，事實上，中國大陸的確沒有類似美軍在諾曼地登陸的大兵團作戰裝備，問題是，由中國大陸攻擊台灣的作戰，根本不需要這樣的作戰配備，而是類似登陸沖繩作戰的戰法，無需進一步陣地縱深的決戰，攻佔台灣灘頭，就已取得結束海島戰爭的勝利。

目前中國大陸的海軍陸戰隊，擁有五百艘兩棲登陸艦艇與七十艘可以直入內陸的氣墊船，陸戰隊擁有三萬的特技作戰兵力，可以搶灘與敵後特殊作戰。另外中國大陸擁有空降十五軍的陸空兩棲作戰部隊，與目前正在另外組成十六與十七兩個新的空降師，都是擅長敵後攻堅作戰的特種部隊，總兵力將超過五萬人。另外在快速反應部隊中，又有精銳的直昇機作戰「拳頭」部隊，總兵力也在數萬人以上，可以在一個小時左右就渡過海峽而到達攻擊目標。

台灣沿岸多半並未進行要塞化的防禦，而且電力網、通訊網與交通路線，都在海岸邊，結構非常的脆弱，加上港口、機場與高爾夫球場極多，由二十萬專業能力不足的待退充員兵，組成本島的防衛兵力。台灣南北海岸防線極長，因此，有限兵力分散，造成首尾難顧。總預備隊的設置更是困難，若是台軍失去空優的支援下，交通線遭到癱瘓，台軍就完全失去機動集結的反應能力，一些軍事據點外圍已到處是民間房舍，形成被反制的不利局面，這樣的作戰佈局，根本不足以面對中國大陸的精銳攻擊部隊。

兵在精不在多

中國大陸精銳攻擊部隊的前導，可以在戰前就潛入台灣戰線的後方（聽過閩南旅特種部隊的組成嗎？完全台灣本土化的解放軍精兵），在導彈與電磁的先制攻擊，以及絕對空優的取得之後，立刻裏應外合的對台灣戰略目標發動全方位的進攻，迅速的奪取海港、機場與高爾夫球場。然後中國大陸的大軍就可以用龐大的民航機隊

（客機六百架，貨機四百架，一次可以運送十萬人）、幾十萬艘的商船與魚船，載運數十萬的部隊渡海（最近中國大陸的演習，已經按照作戰需要，按比例的動員過民間運送能力演習，坦克團、砲兵旅與機械化步兵師，都成功的使用民船運載渡海）。

中國大陸的選鋒部隊編制，的確是提高戰力的高招，這些選鋒部隊的人員素質極高，智能、體能、才能都是經過百鍊的精銳之選，是絕對的專業化部隊，加上有著打硬戰與打血戰的傳統紀律與士氣，在消滅台獨、統一祖國的作戰精神目標之下，絕對不是不知爲何而戰、一心待退軍官、待退士官與待退士兵的台軍組合，所能對抗的，正是所謂「兵在精不在多」的眞意。在狹小的戰略空間中，進行極短時間的近身搏鬥，更是可以看出精銳戰力的重要性。中國大陸只要運用得當，在海空軍的掌控與支援之下，五萬精兵分批多路進擊，就可以把台獨的「指、管、通、情」戰略要點，與水、電、通、路等維生系統加以完全的控制、攻佔與摧毀。台灣的穴道受制，台獨就只有投降一途了。

台灣無防禦空間與戰略縱深，因此面對絕對優勢的中國大陸兵力，台灣是全方位都可能受到攻擊，而且幾乎是中國大陸軍隊一旦多點海空交錯登陸台灣，台灣的南北交通、電力、通訊都會遭到多點切割而系統瓦解，人心與行政體制就會瞬間崩潰。因爲台灣心防之弱，幾乎到了完全沒有敵情概念的地步，這點就要非常感謝台獨政客與軍事專家的努力了，在他們的理論下，中國大陸不但沒有渡海攻台的能力，台獨還有決戰境外的本事，那麼就無需擔心與準備了，一旦台灣人民發現中國大陸的軍隊兵臨城下，台灣整個有組織的戰鬥也就宣告結束，而根本沒有戰略迂迴與反擊的機會。

因此，以軍事的角度而言，台獨是完全走不通的絕路，這絕對不是有意貶低國軍將校的能力與勇氣，而是整個環境與形勢的結果，在國軍中，有誰願意成爲台獨的砲灰？有誰願意成爲分裂中華的歷史罪人？誰不想中國的太平洋艦隊設在台灣？誰不想能爲中國收復釣魚台與南海諸島，以切斷日本南進的地緣島鏈，成爲中國進入海洋世紀的先鋒？

以兩岸中國人的角度，或是台灣人民的最高利益而言，歷史的發展已經到了兩岸根本不要戰爭的階段，兩岸兩軍根本可以重新成爲兄弟軍，共同爲捍衛中國的疆土而戰。問題是，目前台獨逆流一定要分裂兩岸，那麼國軍的立場是什麼？當然這是要由國軍自己來選擇，但是解放軍除了武力保台，是不可能有其他的選擇的。

假如眞的兩岸要打一場不必要的戰爭，根本的勝負不在軍方單獨的表現，因爲國家力量、人民的意志與戰略的格局，早已決定了戰爭的勝負。單是軍人個別的表現是無法扭轉基本的結構。

5 海峽沒有諾曼地

兵法在奇，兵勢在險，有創意、有膽識的作戰佈局，將會創造戰史的新頁。

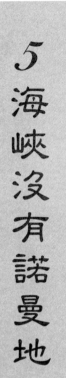

曾經有許多專家斷定，沒有大兵團可以越過阿爾卑斯山脈；曾經有許多專家斷定，北方的部隊不可能渡過長江；曾經有許多專家斷定，馬奇諾防線不可能迅速的被突破；曾經有許多專家斷定，仁川港不可能成爲大規模登陸地點，但是，歷史告訴大家的是，它們都成爲可能，在有膽識與有創意的軍事將領指揮之下，他們都創造了戰史的紀錄。

現在又有許多專家斷定，目前解放軍不可能渡過台灣海峽，那麼不知歷史會如何回答這個斷定？目前我們也許不知道，但是只要專家是在考古學中下達結論，那麼中國大陸軍方若是在創意中大膽的採取軍事行動，那麼歷史往往會告訴我們新的故事。

在兩岸差異極大的軍事評論中，我們或許可以跳過許許多多的「一己之見」，而回歸人類戰爭的經典著作《孫子兵法》中，找到決定戰爭的勝負原則，那就是「主孰有道、將孰有能、兵甲孰強、士卒孰練、賞罰孰明」，通過這五個原則，我們從根本分析兩岸軍事衝突的勝負「較量」。

台獨軍事專家的矛盾

台獨的理論家，對於中國大陸在軍事上超強的地位，一直採取非常矛盾的看法，一方面「認爲」中國大陸是一個「窮兵黷武」的政權，中國大陸的集全國之力來建軍，當然會有極大的成就。所以，他們對於過去蔣介石基本國策「反攻大陸」的戰略，認爲根本就不具可行性，因爲兩岸軍事實力與戰略佈局，有著根本與絕對的懸殊比例（其實他們沒有想到政治上變化）。但是一旦爲了台獨可行性辯護，又完全忘了這種說法，認爲假如中國大陸「武力犯台」，台灣人民可以「安啦！」台灣的軍力不但可以「殲敵於海岸」，甚至可以取得「決戰境外」的勝利。

台獨的軍事理論家，幾乎是先有結論，再找證據，結論當然是台灣獨立絕對不會受到中國大陸的軍事攻擊，縱使中國大陸要打台灣，也必敗無疑，迷信海峽絕對可以保衛台獨。問題是，他們不敢面對兩岸軍力的現實與未來，只好回到歷史考古，但是依據台灣歷史的記載，所謂「外力」六次入侵台灣，每一次都是經由海峽，每一次的結果，都是成功順利的佔領台灣。在歷史的角度而言，台灣海峽從來不是台灣防禦的天塹，而是登陸台灣方便的交通線，海峽從來都沒有成功的保護過台獨。

於是他們只好轉向世界戰史考古，終於他們在軍事考古學中找到「諾曼地登陸」、「大不列巔之戰」的偉大歷史證據，因此認爲兩岸若是爆發戰爭，海峽是台灣防衛的天塹，在中國大陸海空軍的渡海載具與支援火力，沒有達到當年盟軍對德軍的優勢比例之時，中國大陸的渡海作戰，將難以成功。多麼偉大的考古發現，台海之戰將是諾曼地級的超級歷史大戰重演。

獨一無二的諾曼地登陸

其實從軍事的觀點而言，台海的軍事衝突，從國力與軍力，加上戰略架構的格局而言，絕對是一個非常「不對稱」的軍事對抗，與諾曼地登陸、大不列顛之戰，當時雙方接近對稱軍事對抗，有著本質上的不同。因此不能因爲同有一個海峽，就把戰爭考古學用上。何況今天的戰爭形態早已有了重大的改變，制空權、制海權已經不是獨立決定登陸戰的因素，更具決定性的戰略因素是制太空權、制海底權與制電磁權，加上中國大陸特有的制戰線權，中國大陸可以在正式作戰之前，就有上千的精銳部隊進入台灣本島，就算在目前，恐怕在台灣內部，中國大陸也有個四位數的潛伏實力。

其實多數軍事專家，都是把諾曼地登陸作戰的優勢兵力配置，當成一個獨一無二的戰史特例，而非當成一般登陸作戰的「經典」常態，因爲決定諾曼地登陸的兵力配置，不只是灘頭登陸的作戰需要，而是另外有著更大的政略與戰略考慮。在政略上，諾曼地登陸代表英美兩個曾經是歐洲大陸邊陲的「盎格魯」民族，如今成爲有實力發動拯救歐洲大陸的「十字軍」。特別是當時的英國首相邱吉爾，設法要玩弄全球的戰略佈局，以背信方式，停止盟國反攻緬甸以打通援助中國抗日的協議，所以，邱吉爾一再拿擴大諾曼地登陸的軍力做爲藉口，拖延盟國在緬甸的反攻行動，最終造成諾曼地集結的兵力過多，而反攻緬甸的兵力全部遭到挪用的命運。

在戰略上，諾曼地登陸是由海島進攻大陸，而當時的德軍是世界上罕見的鋼鐵勁旅，又擁有歐洲大陸的戰略縱深，因此，美國以登陸諾曼地，做爲進入歐洲與德軍決戰的橋頭堡，目標不只是諾曼地灘頭的勝負，而是要考慮登陸之後，立刻就要與德軍在西線進行的決戰勝負，美軍最爲擔心的就是德國的裝甲師反擊，機動力強，打擊力大。所以登陸配置不是諾曼地登陸所需，更是西線決戰所需。

西線決戰

在盟軍與德軍的戰略規劃，西線決戰才是是兩軍勝負的根本，諾曼地灘頭的勝負不過是整個西線作戰的序戰而已，因此，德軍甚至在盟軍已經登陸諾曼地之後，還在猶豫諾曼地是否僅是美軍的牽制攻擊，而眞正的西線決戰可能是在另外的戰線。當然，德軍這種想法受到隆美爾元帥的反對，他鑑於盟國空軍所發揮的主導戰爭的力量，以及戰車部隊缺油的運動困難，因此希望能夠將重兵配置在灘頭進行決戰，也就是西線決戰與諾曼地決戰合一。

在戰術上，諾曼地陣地經過隆美爾元帥的經營之後，已經有要塞化的防禦戰力，因此盟軍在諾曼地是進行敵前陣地登陸的爭奪戰，當然要有更爲優勢的兵力與火力支援，才能順利登陸。更爲考量的重點是，六月的天候惡劣，絕對不適合渡海登陸，這就是爲什麼德軍當時沒有進入臨戰準備的主要原因，連隆美爾本人都離開前線返國述職，而艾森豪最爲大膽的作戰決定，就是利用六月極短的天候變化空隙渡海奇襲，這也就是盟國要集結更爲優勢的渡海載具，一次就將足夠兵力與後勤大量運送完畢，以免後續天候不良，影響登陸之後的後勤作業，造成盟軍面對德軍反擊時，西線決戰的兵力與後勤接濟不上。這就是諾曼地登陸戰的渡海優勢是戰史上獨一無二紀錄的歷史背景。

其實從盟軍的戰史可知，無論盟軍是登陸北非或是西西里、安其奧的成功，或是後來在韓戰的仁川登陸，其攻擊兵力優勢比例的配置，根本都不能與諾曼地相比。而當年解放軍登陸海南島作戰，更是無敵前作戰就成功攻克。假如說一定要比較時空、戰術與裝備完全改變的台海之戰，較爲相近的戰史紀錄也許是在太平洋戰場上，美軍進攻菲律賓的作戰，或是美軍登陸沖繩的作戰放大。

海峽從來沒有讓台灣免於被入侵

爲什麼在歷史上，海峽不能屏障台灣，主要在戰略地理結構上，台灣面向大陸是開闊的平原爲主，因此沒有自然的海岸山岳地理阻隔，在開放的經濟與社會之下，海岸線嚴重缺乏要塞化的防禦設施，台灣海岸根本不是金門要塞前線，而是工商繁忙燈紅酒綠的後方。

由於台灣在地理上，是南北狹長與大陸海岸平行的海島，面對大陸方面是平坦極長的海岸線，台灣主要人口與工商中心都在離岸極近的西部地方，台灣的交通線與電力、電訊網路，幾乎完全與海岸平行，沒有自然屏障與國防工事防禦，因此非常的脆弱。部隊南北兼顧的防守戰線極長，而東西的防禦縱深又極短，還受到山地的嚴重阻隔，在這種狀況下，有限的部隊兵力很難有效運用，戰線又非常容易受到分割。主要的海空軍基地數量既少又全都面對開放海峽，很容易成爲奇襲目標，台灣幾乎沒有迂迴決戰的空間，戰線扁長又在炮火攻擊範圍下，總預備兵力更是無法妥善配置，防備登陸戰將是各自爲戰的局面，恐怕無法形成決戰，戰爭就已結束。

登陸海島序戰即決戰

登陸攻擊無戰略縱深的海島，與登陸攻擊有戰略縱深的大陸，最大的不同，就是海島登陸戰是序戰也是決戰，甚至無需正式登陸，單是海岸封鎖與海岸攻擊，決戰就可能結束，登陸只是掃蕩作戰而已。因爲海島作戰，不必考慮登陸之後，進行爭取戰略縱深的決戰。因爲台灣的迎敵面是極長的開放型海岸，缺乏天然的地形防禦結構，更無戰略縱深可言，台灣所有的戰略據點，都在開放海岸邊，單是遭到火砲猛烈攻擊，作戰的指揮體系與後勤網路就會瓦解與崩潰了。

當台灣一旦面臨數量絕對優勢的全方位攻擊下，電力、石油、鋼鐵、武器、零件、彈藥、醫藥的生產與供應，都會迅速的中斷而無後援，台灣防禦的戰力幾乎是無法獲得後續的產生支援作戰，暴露與漫長無縱深的戰線，非常容易遭到多點攻擊的分割，而失去整體的戰力，因此在攻擊方面，只要進行多點登陸攻擊，而無需後續面對決戰，即已可以確保海島戰爭的勝利。何況現代作戰，海岸兩棲登陸的比重會大幅降低，來自空降、直昇機的垂直打擊更會佔足夠決定戰局的比例。

另外，大不列巓之戰，根本是德軍沒有軍事行動的準備，就連希特勒也沒有下定決心全面進攻，只是想進行試探性的威攝打擊，德國從頭到尾就沒有進行過三軍協同渡海作戰的構想與準備，當時英國的海軍絕對優於德國，空軍的戰力也能相抗衡，只有陸軍不如德國。問題是，當時空軍的戰力還是極其不足的新興輔助兵種，因此，當時雙方海軍的強弱，才是英吉利海峽決戰的決定性兵種，英國又有全球殖民地與美國的資源供應作戰，所以當時德國在意外的大勝法國、荷蘭與比利時之後，其對英國的作戰目的，只是想賭一下，或許能以空襲的破壞，就可以逼英國進行政治和解而已，談不上什麼進攻英國的決戰。

由於現代武器、觀念的大幅改變，現代的作戰方式，早已與二次世界大戰有所不同，要拿諾曼地作戰做爲台海作戰的「考古」範本，恐怕就完全誤解了戰爭的變化。由於台灣的兵力居於絕對劣勢，本身沒有戰略縱深，沒有後續作戰資源，更沒有當年德軍的作戰實力，海峽在現代化的作戰武器與戰術下，已經越來越失去屏障功能。

目前中國大陸長程的對空飛彈（S-300），其射程幾乎已經可以直接涵蓋台灣北部的空軍基地，就是說台灣的飛機就是在這些機場起降也不安全，隨時都會成爲對方飛彈的射擊目標。更大的問題是，目前中國大陸正在全力發展最新的陸軍長程多管火箭，據說像WS-1B最新改良設計的十六英吋火箭，射程可達三百六十公里（這個距離頗有爭議，但是至少已有一百公里以上的射程），彈著摧毀面積六十萬平方公尺，成本低廉但破壞力極強，若是將來能夠越過海峽直接打到台灣的戰略目標，以及摧毀台灣維生網路，那麼台灣海峽的屏障功能將進一步完全失去，而提制空權與制海權的爭奪，其意義將大爲降低。

更別提中國大陸擁有絕對優勢的制太空權、制電磁權與制海底權，中國大陸在傳統的陸海空作戰上擁有壓倒性的數量優勢，質量也在伯仲之間，雙方的國力差距更大，如何能以諾曼地的作戰考古，做爲自我安慰的範本。

境外決戰的狂言夢話

陳水扁對於軍事是絕對外行的「國民兵」，本身連二等兵都沒有做過，再加上呂秀蓮副總統英明的輔佐，陳呂配的統帥權組合，可以說是軍事上罕見的絕配，當然許多愛好和平的人士是支持由呂副總統接任三軍統帥，這樣兩岸的戰爭大概可以不必打了。因此，目前台灣的戰略指導原則，就由「位置決定頭腦」，陳呂配以三軍統帥的地位，提出「決戰境外」的戰略指導原則，這種完全由外行領導內行，由屁股決定大腦的戰略構想，將會給台灣帶來災難性的後果。

陳水扁所謂的決戰境外，原來只是反射台獨的政治幻覺，就是欺騙台灣人民，由於台灣買到一些數量有限，質量可疑（回扣太多了）拼拼湊湊極貴的武器，就代表台灣的兵力強大，因此主張縱使台灣獨立，台獨不但不必害怕中國大陸會打爛台灣，反而可以在中國大陸的境內打垮「共匪」。這種近乎童話的幻想，竟然會成爲台灣的戰略指導原則，簡直是狂言夢話。

所謂決戰，是指整個戰役中，最爲具有決定性的階段，此時是將所有的戰力釋出，以尋求決定性的勝負，事實是，台灣哪有能耐將決戰的戰力，跨過海峽運送到境外，陸軍是絕對不行，海軍最多擦邊，只有空軍勉強可以出擊中國大陸，但是也無法有決戰的實力與深入的打擊，最多零星進行一次或是幾次的襲擊而已，自己的基地就已經被摧毀，不能發揮功能了。

以戰力而言，單是有限的空中打擊力量，對於中國大陸如此大的戰略縱深國家而言，絕對無法造成決戰的勝負。在作戰的考量，大概只有對於海島作戰，進行絕對的空中打擊，還有可能形成決戰的效果。

因爲台灣要想在境外決戰，首先就要考慮，如何將決戰的主戰軍力，渡過海峽，目前台灣連外島防禦都已經形同撤防，如何能夠有能力將決戰軍力進行「反攻大陸」的登陸，台灣根本就沒有能力渡海作戰，想想看，台灣有多少空降與登陸載具與掩護的火砲（連美國、中國大陸如此強大的軍力，在這方面都能力受限），台灣的陸軍只能進行本島防禦作戰，海軍也只能進行岸邊防衛作戰，若想渡海，單是中國大陸的對艦飛彈攻擊，就會將所有渡海的載具完全擊毀在海峽了。

那麼，唯一剩下可以試一下的，只有台灣的空軍，冒險進入中國大陸的防空網，進行騷擾性轟炸，但是這種有限的攻擊，是無法摧毀中國大陸主要的戰略目標，反而會減弱台灣防空作戰的兵力，而遭到中國大陸直搗黃龍的打擊。因爲台灣的空軍只有三百五十架攔截型的戰機，地面攻擊能力與裝備差，而且飛行員的人數還補充不上飛機的需要，要以這樣自衛都嫌薄弱的空軍兵力，脫離強網系統的支援，深入大陸防空網，將會完全暴露在中國大陸地面砲火、防空飛彈與攔截戰機的梯次攻擊，甚至與台灣的電訊也會因遭到電磁干擾而失聯，這等於是孤軍深入的送死打法，恐怕飛機還沒有返航，台灣的基地就已經是一片火海了。

就算是台灣的戰機能夠全部起飛，越過海峽反攻大陸，但是台灣空軍的對地攻擊能力本來就極其有限，要想有效的破壞中國大陸極多的戰略目標，包括防空網、導彈基地、空軍基地，根本就有嚴重的困難，何況，中國大陸有許多導彈更是機動部署，連目標在哪都不能確定。

試想北約擁有千架以上的絕對優勢戰機，與各式巡弋飛彈，對於南斯拉夫（面積比福建還小一點）進行空中攻擊，都要進行七十四天，連巡弋飛彈都用罄了，最後是靠摧毀南斯拉夫的電力網與能源供應系統，造成南斯拉夫的經濟癱瘓與民生困苦，才勉強迫使南斯拉夫認輸。那麼，台灣的飛機要攻擊中國大陸所有可以威脅到台灣的戰略目標，以瓦解中國大陸的軍事集結力量，單是作戰空間就比南斯拉夫大上十倍以上，就算是中國大陸方面完全不還擊的給台灣打，台灣有沒有足夠的情報掌握這些目標（至少導彈目標全都是機動的），與有沒有足夠的炸彈摧毀這些目標，都是問題呢？

軍力與戰略格局的嚴重差異

事實上，台灣北部基地的戰機才剛起飛，就已經在中國大陸紅旗十五超音速防空導彈的攻擊範圍之內，更別說當台灣戰機離開強網系統掌控的空域，進入中國大陸的本土防空網，根本就會成爲孤軍深入的單兵作戰。戰機在還沒有飛過海峽，就已經會被中國大陸的防空網所鎖定，在電磁戰的干擾與誘導之下，台灣的飛機會在中國大陸的防空網中，遭到防空導彈與戰機的聯手攔截，中國大陸擁有足夠的戰略縱深，其防空網與兵力都以梯次分佈，台灣空軍會在中國大陸的上空，遭到有層次、有系統的防衛、還擊與追擊，能夠到達目標的飛機，將是非常的有限，台灣飛機的對地攻擊能力又低。因此，縱使飛到目標區，也很難對中國大陸的戰略目標，進行深度的破壞，而中國大陸的防空掩蔽，又是積幾十年的經驗與準備，單是一般地下民防掩體的工程，就已經是嘆為觀止（基本結構是當年毛澤東大搞防蘇防美的成果）。

由於台灣的攻擊數量與力道有限，不可能同時有效攻擊大陸極多對台灣有威脅的戰略目標，因此，在台灣飛機離巢之後，中國大陸的導彈與戰機，正好乘虛而入攻擊台灣的飛機場，包括可以起降戰機的高速公路段，由於台灣的基地數目極其有限，更為容易受到中國大陸數量極大的導彈與戰機的攻擊與摧毀，台灣的空軍縱使可以返航也無基地可以降落。

要知道，中國大陸的綜合軍力是台灣的幾十倍，戰略縱深也是百倍以上，中國大陸要攻擊台灣，就具有絕對的主動優勢，台灣要想成功反制中國大陸，決戰境外，就要有比中國大陸多出幾十倍的優勢戰力，摧毀比台灣多幾十倍的戰略目標，才能取得境外決戰的優勢，就算是台灣可以發展自己的地對地導彈，要想癱瘓中國大陸的戰略系統運作，台灣至少要發射中國大陸導彈的十幾倍（幾萬枚以上，都不一定夠），才能大概有效果。這就是戰略縱深差距嚴重，需要更大的兵力補充差距的根本問題。

結論是，面對中國大陸兵力與戰略縱深的優勢，台灣根本就辦不到境外決戰，反而會將台灣有限的戰略資源投入攻勢作戰的佈局（事實上，以可想見的將來而言，台灣的國力與軍力資源成長緩慢，甚至會出現停滯，這點當然要感謝陳水扁只會競選不會執政的貢獻，把台灣搞得國窮財盡），做嚴重與錯誤的軍備消耗，同時會引來中國大陸先發制人的攻勢打擊。

事實上，以目前的軍事科技力量而言，中國大陸的戰略涵蓋面，早已延伸覆蓋台灣，不但是人造衛星已經多枚在台灣的頭上轉，電磁網覆蓋全台，飛彈可以直接由太空而降，要打哪裏就打哪裏，連陸軍長程多管火箭砲，都可以打到台灣全島。一旦台海爆發全面戰爭，台灣是絕對不會有前線後方之分，而是會遭到四面八方的全方位攻擊，屆時主張決戰境外的戰略天才陳水扁，也許會帶著台灣人民所有的資產，跑到「境外」（可以猜猜看是美國還是瑞士？至少日本是不敢收留的），去進行逃命保命決戰。

現在讓我們回到《孫子兵法》，比較比較兩岸萬一發生戰爭的勝算如何？

一、主孰有道

決定戰爭根本勝負的關鍵所在，哪方政府能掌握到人心與歷史潮流，誰就是戰爭的最終勝利者。

在過去冷戰時代，兩岸對峙，中國大陸想以馬列主義的「興無滅資」原則，企圖「解放台灣」，當然會遭到台灣全體軍民的全力反抗，也難以得到國際社會的認同，台灣以保衛自由、民主與富裕做爲政治號召，國軍在政略的「道」上，也就立於明顯的上風，國軍也就有決死戰的準備，人民也有拚到底的意志。

現在，中國大陸全力推動開放改革政策，迅速進行中國的建設與復興之後，雖然中國大陸仍然面對許許多多嚴峻的問題與考驗，但是總而言之，中國大陸快速的進步與改變，已是全球公認的重大成就。大陸的兩岸政策，早已放棄了「解放台灣」

的策略，而以兩岸的三通與四流，促進兩岸的和平與合作，提高兩岸人民的生活，希望兩岸進一步能以一國兩制的方式，進行和平統一，這些政策都能得到中國大陸廣大人民的支持。特別是有關國家統一的作戰目標，更是能夠激起中國民族主義的動力，在解放軍中，人人以完成統一的歷史責任為光榮，中國大陸人民對於「擁軍支前」更是具有絕對的共識。

而在台灣，由本土化民粹主義推動的暗獨政治發展，根本無法取得台灣內部的共識。何況台獨民粹主義給台灣帶來兩岸關係的惡化，政治運作的混亂，國家資源的消耗，使得台灣的競爭力與發展前景，都面臨極其嚴酷的考驗。台灣人民在台獨政客的欺哄之中，幾乎一致認定，中國大陸無力攻打台灣，因此，完全沒有「心防」準備，更不想支持軍方的預算增加與演習騷擾。所有的充員兵更是每天數饅頭等待退伍，誰想認眞學習一套流汗流血的戰鬥本領？

目前，兩岸關係已經面臨新的質變，在中國大陸方面，保衛中國領土與主權完整的民族主義力量，就會成為大陸對付台獨的民意共識。而在台灣方面，台獨分離意識造成台灣人民的歷史根源斷裂，歷史定位錯亂，未來發展更是危機重重，如此一來，在兩岸問題上的「主孰有道」，當然就是一長一消了。

就算是台獨想要轉移兩岸民族主義的競爭，強調台灣的民主化領先中國大陸，也不見得有利，因爲台灣的民主化，在政客的權謀之下，變質成爲民粹主義，給台灣的政局，是更多權力鬥爭與資源掠奪，司法不能獨立，立法不能擺脫利益操控，行政也逐漸失去效率，人民的感受是政局正如脫軌般的往下沉淪。反過來看，中國大陸的政局發展，雖然比不上台灣的開放與自由，但是無論在行政效率、立法運作的品質，甚至司法審判的獨立上，都出現大幅的進步，更別提經濟的發展與社會的開放，以歷史的進展而言，已經讓人感到刮目相看的地步。

二、將孰有能

所謂「千軍易得、一將難求」，在兩軍作戰中，將領的才能膽識，決定戰略與戰爭運作的優劣勝敗。

台灣方面的現役將領，可以說是沒有一個有出生入死的實戰經驗，甚至連實兵實彈的演習，恐怕都沒有經歷過，而最近二十年來，正是全球武器改變最大，戰術戰略思想進步最大的時期，而台灣軍方卻幾乎完全孤立在戰爭歷史的考古之中，渾然不覺軍事潮流的變化。

而政治對軍事的惡劣影響，莫過於台獨政治勢力的干預，雖然在形勢上，台灣軍隊仍然承襲反共黨與反台獨的「國軍」傳統，但是事實上，國軍已經知道，反共的政治教育，早已與中國大陸客觀事實脫節，反台獨更是會成爲自己仕途發展的大忌。只要看看被台獨政客重用的某些將領們，那種「腰」彎到卑躬的地步，連自己是不是中國軍人都不敢承認，只想升官保位，那麼請問，這些根本不知戰爭爲何？不知潮流爲何？不知國格、人格與軍魂爲何的將領，能夠領軍決戰生死嗎？台獨政權最大的悲哀，就是以爲任用會向台獨彎腰的「國軍」將領，可以保住自己的政權，但是請注意，這些毫無原則向台獨彎腰的將軍們，到時候說不定一樣會向解放軍彎腰的。

而目前共軍的將領，仍然擁有一批出生入死，實戰經驗極其豐富的人才出任，無論是張萬年、遲浩田、傅全有，都是當今一流的軍事人才，面對過眞正的戰爭，親身多次進出於決生死的大戰，勇於在槍林彈雨中指揮若定，他們一生多次在戰場上負傷，得過多次的戰爭英雄勳章。在解放軍的現代化發展上，更是有著歷史的遠見與全方位的規劃。

以事實而論，當今的解放軍人力素質，比任何時期都要高，當今解放軍的作戰能力，比任何時期都要強，當今解放軍的演習，比任何時期都要實在，更爲重要的是，在國家統一的戰爭規劃上，解放軍所得到人民的支持，更是達到歷史的頂點。「擁軍支前」的政策，根本不必政治動員，幾乎是自動自發的得到支持，原因很簡單，統一是所有中國人共同的歷史責任，台灣是中國未來海洋世紀發展的門戶，台灣是中國要進入太平洋的基地，中國要有歷史上第一支的太平洋艦隊，中國要把台灣建設成爲照亮太平洋與中國內地的珍珠。

三、兵甲孰強

台灣的兵源來自二千二百萬人民，常備兵力爲三十八萬人，非戰鬥人員比例高，專業的軍人比例更低，台灣的戰力基礎，來自台灣的三千億美元生產總値，國防預算爲八十五億美元。由於受到政治力量與社會觀念轉變的衝擊，雖然國軍傳統結構優良，但是已經開始逐步的低落與流失，軍方素質難以提升，軍備開支無法因應軍事的需要。武器系統受限於傳統的兵力結構，所購進的二代兵力武器，費用偏高，系統混亂，保養應用不易，專業人才流失極大。

中國大陸兵源來自十二億五千萬人民，常備兵力二百五十萬人，中國大陸國防力量基於一兆一千億美元生產總値，國防預算一百五十億美元（名目），實際國防支出估計爲八百億美元以上。由於人力資源充足，可以選擇精銳參軍，而軍中的人才吸收，更爲積極，專業軍人比例高，擁有博士、碩士資歷的軍官，已在萬人以上。國防開支受到政治的支持，對於統一國家的歷史機遇，不但人民支持，軍方士氣更是極高。武器系統已經發展到新的階層，從制太空權、制電磁權、制海底權都有戰略上的先制優勢。更要注意的是，中國大陸對於武器系統的調整與改造的能力極高，舊的武器在經過調整之後的功能，其戰力的進步是相當可觀；而新的武器系統因爲使用方式複雜，保養工作更爲困難，其戰力未必能夠充分發揮。

四、士卒孰練

在政治的干預下，台灣軍方的士氣低落，不但軍中對於作戰目標的認知差異極大，而且都與事實潮流脫節，反共早已名不副實，反台獨更是政治禁忌，人民對於軍方活動抵制多於支持，軍方演習、實彈射擊或是夜間訓練，都會遭到民意強烈反彈，往往只能作罷或是縮減規模。在政治壓力之下，軍中最大目標是「不要出事」而不是「克敵致勝」，演習不能裝備損壞，演習不能惹民怨，演習不能出人命，這樣軍事的運作，能否使得軍隊能夠作戰不重要，保住官位最要緊。政治干預國防預算極其嚴重，軍中腐敗風氣難以根絕，中國大陸軍方在放棄經商之後，全軍除了積極備戰演訓之外，已無其他事務分心，在統一的歷史責任前提下，政治全力支持軍方預算，社會支持「擁軍支前」，軍中士氣提升，廣泛進行國際軍事交流與合作，中國大陸的軍方進步，可以說是相當的可觀，網路演習對抗、電子實兵作戰都已實際進行，而部隊進行的實兵實彈演習，更是與眞實作戰情況逼進。軍事演習更是強調要有眞實的傷亡、損壞才能過關，軍隊以能打勝仗做爲最高運作指標。

五、賞罰孰明

由於台灣的政治質變，造成政治勢力既要打壓軍方力量，又要拉攏軍方力量，人事調動更是充滿權謀之道，台灣軍方「酬庸」性質高，非戰鬥的高階職務比例過大，每以政治犒賞來大幅調升，來換取軍方的政治表態。嚴格治軍與有專業才能的軍官得不到重視，在政治上配合台獨潮流的軍官「雞犬升天」，軍隊根本的精神喪失，軍隊的目標不在「求勝」，而在「不出事」。

中國大陸的軍方，對於軍中人事的調整相當嚴格，特別是高階將領的職務，要經過時間的考驗才能過關，以目前海空軍的司令員而言，都是佔缺三年以上，憑藉歷練表現，才能晉升上將，目前七大軍區的司令員與政委，更是超過半數以上，沒有實升上將的地位。同時軍中的教育與考核系統嚴密，軍官素質不斷提升，軍中的目標更是清楚地以「打勝仗」做爲一切的原則。

所以，要論兩岸的軍事較量，誰握有勝券，其實可以不戰而知，只要問一問兩岸誰的國力大？誰的軍力強？誰肯爲統一而「擁軍支前」？誰肯爲台獨投身軍旅與增加軍事預算？誰的軍方社會地位高？誰的軍事體系充實而且動員系統嚴密？誰的軍方有士氣與自信？誰的作戰技能有世界級的水準？這些答案自己可以知道，那麼戰爭勝負也就沒有什麼可以爭論的了。

6 棄絕台獨，迎向復興

台灣人只要能夠棄絕台獨，台灣人就永遠不再擔心自己再被出賣。

台獨政客最喜歡煽動台灣人民的話，就是「台灣人出頭了！」、「台灣人站起來了！」因爲這幾句話的涵義是，台灣人從此可以獨立自主，而告別過去總是被歷史決定的悲情命運。問題是，說這些話的政客們，眼睛卻一直在期待著國際強權的關愛眼神，耳朵一直聆聽著海峽對岸的反應，這樣可笑的矛盾態度，如何能夠讓台灣人覺得是獨立自主的站起來了？老實說，台灣若是脫離中國大陸，台灣就沒有根，台灣也就沒有未來，台灣就更沒有辦法站得起來。

那麼什麼時候才是眞正的「台灣人站起來了」？絕對不是切斷台灣歷史與斷送台灣前途的台灣獨立時刻。台灣人要眞正的站起來，首先就要坦然的面對自己的歷史根源與眞正的身世，並接受與大陸乃是同源同種同命運的事實。否則就算是台獨的陰謀一時得逞，台灣人民最多是搞個名不正、言不順的台獨，把原本是大中華子民的台灣人，弄成一個事事都仰賴日本或美國，心胸褊狹的島國二等國民而已。台獨陰影下的台灣人民，將會日夜擔心中國大陸的壓力，時時期待國際強權關愛的眼神，這哪裏是站起來的台灣人？

只有在台灣人能夠勇敢接受自己的真我是大中華的子民，大膽的面對中國歷史復興機遇的挑戰，貢獻台灣人的力量與履行台灣人的責任，促成兩岸的中國終能達到統一與復興的歷史盛世，台灣人才能出頭天，台灣人才能算是站起來了。

台獨是絕路一條

其實放下所有的政治狡辯，台灣人原本就是中國人，直到今天台灣人民還是流著中華民族的血液，使用中華民國的旗號，說中國的語言，用中國的文字，遵守中國的法律，繼承中國的文化、風俗與宗教。當然台獨分子可以主張說，我們將要從中國分裂出去，我們將來要獨立，但是至少到目前爲止，這是還沒有發生的事情。在法律與事實的觀點，台獨還是一個虛構的假設。

不過，台獨政客要清楚的瞭解，目前台灣與中國大陸已經結成命運共同體，正在復興過程中的大陸，所有十二億五千萬人民，是無論如何都不可能做出同意台獨的決定，因此台灣要想走向台獨，是中國大陸與全球華人絕對不可能接受的結果。其實，撇開台獨的迷幻情結，台灣目前面對正在復興與發展的中國大陸，兩岸若是走向統一，絕對是台灣海闊天空的無限機遇，台灣將會成爲中國歷史走上復興盛世的太平洋之珠。

以歷史的觀點而言，當前台獨的走向，絕對是死路一條，因爲台獨分子只會從國際強權扭曲的觀點看中國，而認爲中國是落後與貧窮的，而不能看到中國堅忍的民族性與民族主義的爆發力。在國家民族的利益上，中國人的基本信念是「人不犯我，我不犯人，人若犯我，我必犯人」，假如台獨要想割據中國的領土，挾持在台灣的中國人搞分裂，那麼台獨將會成爲中華民族的公敵，中華民族一旦決心除奸，台獨絕無活路可言。

台獨政客可以試著想想，目前中國大陸人口全球第一，中國大陸面積全球第三，中國大陸已是聯合國常任理事國，中國大陸的軍力全球第二，中國大陸的經濟生產總值全球第七，中國大陸外匯存底全球第二，中國大陸的經濟成長全球第一，中國大陸的市場與人才潛力無窮。在這種情形下，請問台獨政客，中國大陸有任何可能，同意台灣分裂而獨立，而做出喪權辱國的歷史決定，放棄事關中國國家安全、民族發展的必爭之地——台灣？老實說，比要叫韓國放棄北朝鮮、西德放棄東德，日本放棄九州，或是美國放棄德州更爲困難。

台灣人民不甘淪為島國

不過，從台灣的角度而言，台獨給台灣所帶來的最大危機與禍害，還不是台獨必然會引起台海戰爭而會摧毀台灣所有的建設成果，而是台獨不但將切斷與扭曲台灣人民的歷史根源，同時阻撓與限制台灣人民無限的歷史發展機遇，讓原本淵源中華恢宏廣闊的台灣人民，活在台獨所揑造與虛構的一個台灣民族史中自慰，更是時時刻刻活在恐懼中國的報復壓力之下。事實上，在東亞的戰略結構而言，台灣永遠不會眞正的獨立，台灣不是與中國統一，就是分離之後成爲國際強權（日本？）的附庸領地，台獨將讓台灣人民失去面對歷史與未來的自信。

說得現實一點，目前台灣的安全、繁榮與發展，都已經與中國大陸完全的休戚相關與共存共榮，台灣的未來若是與中國復興的歷史結合，台灣人的前景無可限量，但是若選擇台獨，台灣必然與中國復興的歷史潮流相衝突，台獨會讓台灣人陷入對抗中國復興歷史的洪流之中滅頂。

台獨之所以會逐漸成爲台灣人民的迷幻藥，當然有其客觀的歷史背景，因爲過去做中國人，實在有著太沉重的歷史包袱，台灣人民恐懼遭到出賣，台灣人民恐懼失去既得利益。台灣人民以爲與落後的中國劃清界線，台灣可以自保的掌握自己的財富與命運，但是這種想法卻會導致台獨的歷史災難發生。

無論從中國血淚斑斑的近代史，還是台灣人的悲情出發，在國際強權的掠奪與欺凌之下，成爲中國人是一個非常沉重的負擔，當中國戰勝日本，收復台灣的時刻，台灣人民懷著希望與幻想迎接祖國，但是他們所接觸到的，竟然是比台灣還要落後的中國大陸，台灣人民簡直不知如何是好。當時的中國大陸現代化時間落後於日本，同時中國的一點成就，又被日本的戰火所摧毀，所以祖國令台灣人民失望了。在中國急切的需要面對重建之時，不幸的是，國共戰爭之後的冷戰結構，又給兩岸產生最大的分離、誤解與隔離。台灣人民對於中國的印象，逐漸由成見與情結所主導，一九九五年由李登輝導演的「文攻武嚇」，更是喚起台灣人民不安全感的反彈。

文攻武嚇是李登輝的劇本

台灣人民恨死中國大陸的文攻武嚇了，但是，文攻武嚇竟然是李登輝與江澤民串通演出的十八套劇本，江澤民同意將李登輝塑造成爲台灣英雄，以選票爲基礎，摧毀國民黨的反對，壓制台獨的反彈，然後兩岸「同志相會」，這樣江澤民就可以坐上統一中國歷史人物的地位。但是事後，江澤民被李登輝出賣了，國民黨被李登輝出賣了，台灣人民更是被李登輝出賣了。兩岸關係因此走上了民粹反彈的死路。

若是進一步分析兩岸之所以會有五十年的分裂與對立，還不只是國共之間的內戰問題，而是國際強權的介入。一九四九年的國共內戰，國府撤守台灣，原本中國大陸政府決定在一九五〇年就設法統一台灣，但是在蘇聯史達林千方百計的阻攔下，搶先讓韓戰爆發，接著美國就直接介入台海，從此兩岸就這樣走上了冷戰對立的架構。兩岸分裂根本的原因，就是沒有一個國際強權願意看到兩岸統一，而出現一個強大與發展的新中國。雖然目前國際強權在表面上，都接受一個中國的原則，但是在私底下，卻想盡辦法阻擋兩岸的統一。

說明白了，兩岸分裂的歷史基礎，不是兩岸政治、經濟與社會制度的差異，或是人民的選擇，而實實在在是國際集團干預下的武力分裂，形成全球冷戰的台海分裂結構。目前冷戰在世界大部分地區是結束了，但是在台海依舊維持著非常特殊活躍的冷戰結構，就是台灣當局仍然以冷戰的反共手法，扭曲兩岸關係的結構，國際強權在軍售與戰略上繼續的支持台海分裂。台灣若是能夠離開冷戰結構，兩岸就會走上統一。

中國大陸部分的落後、貧窮與不夠民主，是其來有自的歷史發展結果，國際強權從不手軟的欺凌與剝削中國，更是中國舉步維艱落後的一個重要原因。從一八四五年的鴉片戰爭，直到一九〇〇年的八國聯軍，接下來是日本對中國近乎無止境的侵略與破壞，中國受盡歷史上的屈辱，中國受盡國際強權的剝削與欺凌，喪權辱國的事情幾乎成為例行公事。中國如何能夠發展、建設與強大？

因此，在近代的中國，所有的仁人志士都企圖為中國尋找一個能夠自強發展的方式，但是在不同的主義之下，加上國際強權最喜歡中國爆發內戰的陰謀介入下，二十世紀的中國陷入不斷內爭與外患結合的惡性循環，中國的孤立與落後，成為全球歧視、剝削與孤立的國家。但是中國終於還是在近乎廢墟中，發展出中國的生命力，國民政府完成對日抗戰的勝利，收回台灣，共產黨政府進行改革開放，收回港澳，同時建立一個全球發展最快的國家。

台獨陰影造成被出賣的恐懼

自從台獨的政治勢力開始在台灣生根發展之後，台灣人民就無時無刻不活在「被賣」的恐懼情結之中，雖然台灣在政治、經濟上都有非常可觀的成就，但是台獨卻讓台灣人民沒有根的支持，台獨讓台灣人民缺乏應有的自信。任何有關兩岸關係的風吹草動，都可以被台獨的政客，冠上「出賣台灣」的政治帽子，如此一來，台灣人民總是覺得自己有著被出賣的恐懼與悲情意識。事實上，首先出賣台灣歷史根源與台灣未來的，就是台獨。

其實台灣身爲中國經濟、政治發展的前驅，以及地處中國大洋出口的門戶，配合中國大陸的發展與壯大，台灣將會受益最大，因此，台灣人民應該對自己有信心，對前途有信心才對。爲什麼台灣恐懼被出賣的情結是如此的嚴重呢？問題的癥結只有一個，就是台獨意識的作梗而已，有了台獨的禍源，台灣就沒有歷史的根源，台灣就沒有一個穩定的未來。

因此，台灣人民面對這個歷史的挑戰，應該剛強壯膽，不要害怕的承認歷史事實，不要畏懼的迎接統一挑戰，台灣人民原本就是源遠流長的大中華子民，而非沒有根的島國人民，台灣的民主政治、自由經濟是普世的價值觀，而中國大陸與台灣同根同源與同命運，目前正在尋找中國的復興與發展之道，懇切的期待與台灣人民合作打拚，以建設中國復興的歷史盛事。

台灣要有自信走出冷戰思維

的確，中國大陸至今仍然有許多要改進的地方，特別是所謂的民主政治。但是，台灣人民要瞭解中國大陸的歷史結構與發展的限制，民主政治原本就是一個多元化的政治結構，需要環境與時間的培養，千萬不能拿美國的方式做為唯一的標準，台灣不會批評英國至今還不能直選國家元首，還要高唱「天佑吾皇」，台灣也不會苛責沙烏地阿拉伯還是回教結構的國家，重要的是，西方式民主政治的可行性如何，人民能否因此獲利，國家是否因此進步。至少在目前，絕大多數的中國人希望中國能夠有個好的「雍正皇帝」，創造一個法治、進步、強盛的國家，而不希望以極大的內耗成本，最後選出有如「騙子」的總統，任意玩弄國家的前途。

同時，台灣人也要有這個自信與期許，就是因爲中國大陸現在還不足，還要變得更好，所以，台灣人才有更大的歷史貢獻機會，中國大陸有了台灣進一步的協助，中國大陸可以變得更好與更快。

世界歷史已經走出冷戰結構，但是台獨卻在加強兩岸的冷戰危機，台海原本已經沒有衝突的危機根源，但是台獨卻讓台灣人民失去了自我的認同，失去了前途的保障。而解決危機的方法也並不困難，台灣人民勇敢的面對統一的歷史機遇，不但要拒絕被台獨所「出賣」而成爲島國孤兒，更要大膽的「出賣」台獨，恢復自己是中國人的身分，與中國大陸的同胞共同協商、打拚，共創中國歷史盛世的輝煌時代，當這個時刻來臨之時，台灣將會成爲世界第一大國的「太平洋之珠」，前途無限。

記住，要叫中華民國的人民回歸統一，是理所當然的事情，而中華民國總統陳水扁追求兩岸的統一，更是陳水扁的總統職責，毫無強人所難的地方。假如要叫中華民國總統陳水扁拒絕統一，才是要陳水扁叛國，這才是強人所難。反過來說，假如陳水扁是台灣共和國的總統，那麼叫陳水扁選擇統一，那是強人所難的「壓迫」，問題是，根本沒有台灣共和國的存在，陳水扁也正是中華民國的總統，那麼出賣台獨應該是上下一心，順理成章的事。台獨謀我日亟，焉能不除之而後快？

假如中華民國總統陳水扁還是要抗拒統一呢？那麼中華民國的公民當然有權請他立刻下台，中華民國的公民才是台灣的頭家，陳水扁只是人民選出的公僕而已。能夠選舉總統還不算徹底的民主，假如在國家根本利益與是非上，必要時能夠罷免總統，才是眞正的民主政治。

只要台灣人棄絕台獨，台灣就是中國歷史復興貢獻最多的一分子，統一的內涵與過程，兩岸可以慢慢地談，而當台灣在兩岸統一與富強的大中國架構之下，世界上還有誰敢動出賣大中國的太平洋之珠的壞念頭？這樣台灣當然就永遠可以免除被出賣的恐懼。

7 統一對誰有好處？

兩岸統一對台灣、對兩岸、甚至對全世界，都是歷史性的重大事件。

基本上，兩岸統一的結果，是對台灣、兩岸以至於全世界都有極大的好處。但是兩岸統一的前提，卻又絕對不能從「有好處」的觀點來進行考慮。兩岸之所以要統一的根本原因，是因爲兩岸原本同屬中國，中國必須結束分裂的歷史悲劇。所以，統一是歷史賦予兩岸中國人基本的權利與責任，只有不同國家的合併或是加盟，才可能需要考慮好處與利益。

說實在話，沒有一個有國格的國家組成，是純粹以現實的好處做爲基本因素的，這樣的想法會使國家內部出現歧視貧窮的思想危機，這種國家隨時也會因爲好處的減少而散夥，更會出現因爲羨慕別的國家發達繁榮，就甘心放棄自己國格，企圖成爲別國的「五十一州」。

這是一個侮辱台灣人的問題

「統一對台灣會有什麼好處？」假如這是一個前提式的問題，那麼對於台灣人而言，是一個糟到不能再糟的「侮辱」，因爲統一是兩岸的中國人，結束歷史分裂悲劇，共同推動中華復興的共同責任。統一對於台灣人民而言，絕對不是爲了「好處」，而去到處認祖歸宗，找國家認同的政治爸爸。

「統一對兩岸有什麼好處？」假如這是一個結果的問題，那麼將是兩岸人民與政府最爲高興的雙贏結果，兩岸可以出現和平、交流、互助合作的歷史新紀元，中國得以加速復興，台灣得以達到更爲美好的境界。

因爲假如台灣接受統一的前提，只是在追求對台灣有什麼好處，那麼台灣人民的人格何在？台灣乾脆投降給美國或是日本，繼續做個沒有國格的殖民地皇民，也許會搭上哈日好處的便車。問題是，台灣人原本就是生活在台灣島的中國人，台灣人流的是中國人的血液，拚的是中國人的志節，絕對不是爲了好處而標售自己的國格。

但是，從實際結果而言，兩岸和平統一的結果，對於兩岸的好處，簡直是多得不勝枚舉，因爲兩岸的統一，可以免除戰爭與對立的危機與耗損，在兩岸全面交流與合作之下，集合兩岸現有的人力、物力，加上全球華人的歸心，全體中國人共同建設一個團結、復興、富強昌盛的新中國。台灣自然是新中國的太平洋之珠，成爲中國進出太平洋的門戶，成爲中國海洋世紀發展的營運中心，成爲中國太平洋艦隊的基地所在。

從更高層次的歷史觀點而言，台灣人民原是身爲中華民族的一分子，是歷史大國的子民，有著源遠流長的歷史根源，有著大邦大國的遠見與心胸，絕對不能被台獨限制成爲無根的島國臣民，每天期待國際強權的關愛眼神，成爲亞細亞的孤兒。而台灣若是與中國大陸統一，兩岸一起攜手共創歷史，改善兩岸人民的生活，追求兩岸的統一，原是台灣同胞的歷史機遇與責任，兩岸統一之後，造成中國的發展與昌盛，就是台灣人民的最大利益所在。

當然，假如不幸的，台灣人民認同台獨的主張，或是台灣人民受到台獨勢力的裹脅與欺騙，不再認爲自己是中國人。那麼當然就沒什麼「兩岸問題」，而是成爲「兩國問題」，兩國之間也就當然沒有什麼「統一」與「不統一」的問題，而只有改善兩國關係的問題，最多是「合併」與「不合併」的問題。

但是，假如台灣眞的有人接受台獨，那麼全體中國人民的基本立場是，請台獨分子立刻離開中國的領土台灣，到別的地方去搞台獨（筆者特別建議，台獨政客最好是到日本去大搞特搞海島獨立，因爲日本一向喜歡支持台獨，日本離台灣又近，日本加琉球有五個海島呢！以台獨的海島土地歷史觀，日本的海島都受到日本霸權的外來統治，所以搞台獨應該以推動日本的各個海島獨立最佳）。

中國是絕對不會以提供「好處」收買非我族類、歧視貧窮的台獨人，說實在話，中國大陸若是與這種沒有國格、唯利視是的台獨人「合併」，只會降低中華民族的品質，台獨人根本沒有資格成爲新中國人的一分子。假如台獨分子不肯離開中國的領土台灣，那麼中國人當然知道應該如何保衛自己的領土與主權的完整。

出賣台灣的幻想

假如「統一對台灣有什麼好處？」的前提成立，那麼也就代表台灣不過是待價而沽的商品而已，自然會衍生出「成爲美國第五十一州會有什麼好處？」、「成爲日本第五島是不是會更爲有錢？」等等，視台灣爲可以被拍賣的海島，視台灣人民爲可以被拍賣的亡國奴，只要有好處就可以認祖歸宗，只要有利益就可以認政治爸爸，這絕對是對台灣人的侮辱。

事實上，台獨政客從來沒有把台灣人民視爲有人格與自尊的族群，好像台灣人民投身中國的團結復興與發展的歷史機遇，與台灣無關似的，統一要坐等好處，這眞是一個看似「務實」到家，但是卻又「忘本」至極的「大哉問」？對這些人而言，假如統一不能滿足他們所需要的「好處」要求，他們自然理直氣壯的拒絕與中國統一了。這種斤斤計較好處的想法，根本不是在談國家民族統一，而是在談不同國家的合併或是加盟。

問題是，美國絕對不會要一個非我族類的五十一州，而破壞美國的政治結構平衡，試想台灣若是加入美國，將會成為美國第二大州，可以選出兩位參議員與三十位的眾議員，這些議員幾乎少有人懂得英語，而兩千多萬不懂英語的美國護照持有者，將會衝垮美國的福利與社會結構。日本更是絕對的種族純淨主義者，不可能允許「不純」的台灣人成為日本人（要特別注意的一點，日本佔據台灣的時期，台灣人民是被日本人、皇民歧視與欺壓的當然對象，連台灣的皇民也絕非日本人，只是日本殖民地中，騎在台灣人頭上的「人」而已，但皇民「想做日本人」倒是真的）。

此外，目前在台灣也有一個很莫名其妙的想法，就是台灣要維持「暗獨現狀」，與國際強權勾搭，阻撓與破壞中國的發展與進步，然後要等到中國大陸克服所有發展的困難與挑戰，成為全球富強與民主大國之後，這時台灣就可以坐享所有的「好處」，屆時台灣才要爭著「認祖歸宗」，與世界富強的民主大中國統一。這種想法根本就是對台灣人民的侮辱，不讓台灣人民去投身中國歷史的改革與面對歷史挑戰的考驗，反而要台灣人民等著好處出賣自己的歸屬權。這樣的台獨把台灣人視爲有人格的族群嗎？

統一是結束兩岸分裂的前提

必須要再提醒注意的是，兩岸關係的最終癥結在於「兩岸的統一」，而非「兩國的合併」，兩岸統一是結束中國分裂的歷史復合，所以這根本就是中國人基於民族的歷史責任，兩岸的中國人，任誰都沒有權力加以拒絕。奇怪的是，倒是現任的中華民國「總統」與一些中華民國的「大官」，卻有非常奇怪的杯葛。

假如兩岸關係，根本是兩個華人國家的「合併」（注意是合併而非統一），那麼台灣或者可以考慮合併的利益。認爲台灣「統一」要得到好處觀點的人，是把國家統一的原則，當成可以討價還價的商業合併利益交易，沒有一點國格尊嚴考慮。既然唯利是圖，只要美國、日本或是西歐給台灣好處，台灣也就可以一樣的投懷送抱，即使做個殖民地的二等公民也沒有關係，只要誰有好處，台灣就認誰爲「祖國」，這是對台灣人民的侮辱，但是卻是台獨自認「精明」的考量。

台獨根本沒有想到，海峽兩岸本來是一個民族、一個國家，擁有共同命運的歷史事實，百年以來，因爲國內外的各種因素，造成兩岸兩次不幸的分裂，大陸與台灣人民都爲了這兩次的分裂，付出極爲可怕的代價，如今兩岸好不容易走出歷史分裂的鬥爭格局，而尋求中國統一、團結與復興之道，居然會有炎黃子孫問出，中國統一對他產生什麼好處的問題，眞是讓人要反問，說這話的還是不是中國人？

假如他不是中國人，那麼他根本沒有對統一問題發言的權力，只有請他立刻離開中國的領土台灣。因爲沒有一個正常有良心與理性的中國人，會希望中國民族的分裂悲劇繼續在兩岸之間持續下去，讓國際強權可以挑撥離間而從中取利，讓兩岸重要的資源浪費在軍備競爭上，讓中國人之間繼續保持誤解與仇恨，讓歷史悲劇繼續擴大持續下去。

是統一而非合併

既然兩岸的問題是「統一」而非「合併」，所以根本的前提，就是兩岸原本是一個國家，兩岸對於一個中國的認同，統一對中國是所有兩岸中國人共同的歷史責任，同時所有對中國有益的事，就是對台灣有益，統一是中國歷史分裂的傷口痊癒的工作，兩岸若是能以一國兩制的架構推動中國復興的歷史大業，這樣兩岸的人民都在統一的中國之內，大家都是統一之後的中國國民。兩岸互助合作，共同發展，競爭進步，兩岸中國聯合起來的經濟、政治與結合國力，絕對可以使兩岸的中國人，在生活上更爲繁榮、在尊嚴上更有保障。統一是所有中國人共同的歷史責任與命運。

事實上，目前兩岸的中國人，已經走上復興與發展的歷史大業，而且建立了互惠交流與共存共榮的經貿社會體制，本來兩岸正是可以進一步完成國家民族的統一，這樣兩岸以和平統一的方式，消除歷史分裂的傷口，共謀大中華歷史發展的盛世來臨，和平統一正是解除中國分裂歷史悲劇，創造中國團結復興基礎的行動。但是卻有台獨人士要問，統一有什麼好處？

其實這個好像很務實的問題，其前提就已經表示，說這種話的台灣人，就已經完全自絕於中華民族之外，而把中華民族的統一與復興的歷史榮耀與責任，視爲與台灣無關的事情，而是單以所謂台灣本身狹小與短期的利益爲考量，因爲他們唯一考慮與擔心的就是，大陸目前是窮困與落後，台灣則是富足與進步，所以照他們的想法，兩岸若是統一，台灣會給大陸撿到現成的便宜，而台灣自己沒有得到什麼實際的好處，這就是所謂與窮人交朋友或是與窮人成爲親戚，有錢人絕對會吃虧的自私與卑劣的想法。

歧視貧窮，台灣之恥

難道統一之後的中國團結與復興，不是同爲中華民族一分子的台灣同胞所共同期待的歷史責任與機遇嗎？嫌中國大陸窮，就不願與中國大陸統一，且先不要說國家民族的大義如何，單是這種刻薄與膚淺的歧視貧窮的看法，就讓台灣無法有更大的格局與前途，一個歧視貧窮的社會意識，因爲暫時的財富差距，就否認同胞的血統、文化親情，以及國家民族的根本利益，每天只在擔心窮親戚會拿走自己什麼好處，而充斥歧視貧窮意識的社會，是一個既沒有前途也沒有尊嚴的社會，只有一個同情貧窮、改造貧窮的社會，才是一個有愛心有活力的社會。

單以台灣本身而言，台北東區商人與山地原住民的生活，或是高雄市區與綠島人民的生活差距，也大到難以想像，能不能說因此台北就要放棄與原住民或是離島的統一呢？沒有這些窮人分台北人的錢，台北的好處是不是多些？那麼難怪這種條件的台獨主張，連點令人敬重的骨氣都沒有，因為不願與窮中國統一的台獨人士，是不是一天到晚在想，假如能夠被富有的美國與日本「佔領」與「奴役」，是不是會更有好處，因此為何要做台灣人呢？依照這個邏輯推演，台灣根本成為一群投機的流民，誰給好處就跟誰，這根本就是對台灣人民的侮辱。

台灣根本不是新加坡

許多台獨分子竟然依據政治幻想（因為迄今為止，沒有台灣獨立的法律事實與歷史紀錄），認為台灣已經獨立於中國大陸之外，是另外一個華人國家新加坡，既然新加坡可以獨立在中國之外，那麼台灣也可以獨立。的確，新加坡是一個不屬於中國，但是以華人血統為主的國家，但是新加坡在歷史、法律的關係而言，新加坡從來就不是中國的領土，因此，新加坡與中國從來就不存在任何統一的問題。但是假如在未來，新加坡若是考慮與中國建立某種緊密的政治關係，甚至可以成為中國的一部分，但是那絕對不是統一，而是聯合。

但是台灣在歷史與法律上，根本就還是中國領土的一部分（正式法律如此，國際社會公認如此），中國要停止分裂而走上統一，是所有中國人共同的命運與責任，所以統一是大陸與台灣唯一的選擇，台灣若是拒絕統一尋求獨立，就是背叛中華。

國家的統一與認同，絕對不是以有無好處做爲可以選擇的前提，而是一個國家與民族的歷史命運託付，西藏再窮還是中國的領土，綠島再窮也是台灣的轄區，正如美國國內的一些族群再窮，也還是美國人，「暫時」的貧富不能做爲兩岸統一與否的標準（貧富的差異眞的只是暫時而已，看看上海，比比台北，就知道此言已經不虛矣）。

不過，把前提換成結果，兩岸統一的好處可就多著呢！只是兩岸統一與否的前提，眞的不是取決於「好處」，目前有許多好處已經在兩岸交流之時發生了，統一之後，會有更大的效應產生。所有的國際強權最爲擔心的發展，就是兩岸的統一會造成一個新中華世紀的加速來臨，而這將改變全球歷史與戰略的結構。

統一的好處

兩岸統一的第一個好處，就是整個中國能夠在統一的基礎上，集中彼此的人力、物力，攜手同心的推動中國全面的復興發展，這樣兩岸不再有內戰與外國勢力介入的威脅與消耗國力，兩岸三通可以造成台灣擁有亞太營運中心的地理優勢，台灣海峽兩岸可以分工合作的建設成爲全球最爲富裕繁榮的黃金水道。統一之後的中國，擁有全球最多的外匯存底，擁有全球最大市場，最多的人力資源與自然資源，中國有無數的物資與文化工程與建設可以進行，中國有無窮的潛力與市場可以開發，兩岸的中國以這個發展優勢，十年之內，中國人將會成爲全球國力最大的國家，而開始重現漢唐時代的中國歷史盛世。這樣兩岸的中國人無論走到哪裏，中國人都會得到應有的尊嚴。

台灣當然會在中國統一與復興的歷史發展上，扮演一個極其重要的角色，台灣是中國制海權的基地與進出太平洋的門戶，台灣有著更爲民主開放的制度與競爭活力的社會，因此在統一之後，台灣會在一國兩制的特色下，與中國大陸產生合作互補以及競爭的關係，讓兩岸的力量既能夠合作，又能產生競爭，中國能夠在穩定但又有挑戰的狀況下，尋求更爲良性與快速的發展。

其實部分台灣人認爲大陸窮，擔心兩岸統一會給大陸人佔到便宜，這根本就是自私而且無知的想法，事實上，中國名目的總產值是台灣的四倍，實質的總產值更是台灣的十倍以上，大陸對外經貿金額是台灣的一倍半，外匯存底也是台灣的一倍半，若以地區而言，在三年之內，中國大陸的珠江三角洲、長江三角洲與環渤海灣地區的經濟名目產值，都可以超過台灣。在過去十年來，兩岸的經貿利益早已結成生命共同體，試問台灣這十年來，從大陸賺進了千億美元的「外匯」，不正是台灣目前所有外匯存底的金額嗎？台灣若是沒有從大陸賺到這樣重大的好處，台灣的外匯存底早就一文不剩，假如台灣眞的還以爲自己很富裕，而大陸很窮困的話，請看看中國大陸沿海地區的發展，從無到有，從貧到富，情形與台灣是一樣的，只是速度更為快些。

台灣經濟還能領先大陸多久？

也許台灣人民不知道，如今的台北或是高雄的建設與繁榮，若是放在大陸發達的城市中，能否在十名之內都有問題了？中國高等學府學生的優秀素質，早已超越台灣的大學，成為舉世學府公認與爭取的人才庫，目前中國已經開始走上富強發展之路，中國未來還會更為富強。當然，假如兩岸統一之後的中國，將會更為快速的富強，台灣也會過得更安全與更美好。

台灣與大陸統一之後，根本就不會發生大陸沒收台灣財產的問題，大陸反而要給台灣同胞更大的增加財富的機會，因為台灣的富足，也就是中國的富足，搶走台灣的財富，只會讓中國的發展機會破滅，北京絕對不會搶走上海、廣東的財富，正如台灣不會搶走台北、高雄的財富，反而希望這些地方發展得更好，成為自己的精華地區，帶動更大的發展。

中國統一，安全尊嚴都得到保障

所以，統一會對台灣有什麼好處？好處可大著呢！統一之後，在外交上，台灣人絕對以聯合國常任理事國的護照，在全球活動而不會遭到任何打壓與歧視，台灣不必浪費民脂民膏去收買小國承認，將這些資源專注於本身的建設、教育、環保與健康。在經濟發展上，統一之後的三通，將給台灣人在兩岸的經貿之中，絕對佔到地利與人和的優勢。

在國防上，台灣人可以不必擔心有國家安全的壓力，在國際社會中，誰敢找有十三億人，兩百五十萬正規軍，又有兩彈一星實力國家的麻煩？台灣大量的國防資源可以節省不少，轉用在台灣人民身上。更棒的是，台灣勢必成爲中國太平洋艦隊的基地，台灣也必然成爲中國海洋發展中心。

在全歷史的發展格局而言，中國九百六十萬平方公里的陸地與三百八十萬平方公里的海洋，都是中國大陸與台灣人民共享的空間，台灣從此不再只是孤立狹窄的島國台灣，台灣就是全中國的一分子，中國的利益就是台灣的好處。統一之後的中國，兩岸有同樣的血脈，兩岸說同樣的語言，兩岸承受共同的文化，兩岸分享共同的資源與市場，大家互助合作，互通有無，彼此激勵與競爭，再創中國文明繁榮的歷史盛世。

一國兩制的歷史挑戰

就表面而言，一國兩制看起來是一個安撫台灣人民，穩定兩岸政治、經濟現狀的構想，因爲一國兩制保證台灣人民繼續擁有現有的利益、制度與成果，中國大陸不會將自己的制度強加在台灣人民身上，甚至容許台灣擁有自己的軍隊，做爲台灣制度的保障。這樣台灣人民既然立於可以保本的前提下，自然可以放心與中國大陸進行統一。

其實更深一層來看一國兩制，卻發現這是一個影響中國歷史發展，更大格局的制度構想，因爲它允許中國包容差異極大的制度，兩岸的中國能在多元體制下，進行和平的競爭，未來的發展與制度的演變，任何一方都很難找出國情、文化的藉口，用來阻止制度的進步，否則很容易引起人民強烈的批評與反彈。

在兩岸之中，任何一個能讓人民獲得更大利益與進步的制度，就會得到更多民意的支持，因而會造成兩岸改革的壓力與動力，而這是更難壓制的進步動力，因爲「同是一個國家，同樣是中國人的社會，爲什麼對岸能，我們不能？」就是中國未來全方位進步的競爭原動力之一。

台灣人民若是眞的有這個自信，認爲自己的民主制度，可以競爭得過中國大陸的發展，那麼現在中國大陸的政府，願意在一國兩制的架構下，接受台灣制度競爭的挑戰，台灣人民更應該歡迎才對，當中國大陸的發展比不過台灣之時，也就是中國大陸開始接受台灣民主制度之日。

因此，請正港的台灣人民，不要再聽台獨政客講統一對台灣會有什麼好處的問題？要問的是，既然兩岸都是中國人，是到了應該結束歷史分裂悲劇的時刻，大家應該思考的是，兩岸以何種的方式推動統一，會讓中國的復興基礎更爲穩固，發展的速度更爲快速。假如台獨眞的以爲自己有錢，而擔心統一會被大陸佔到便宜，那不過是「智昏利亂」而自絕於中華民族歷史的卑劣想法而已，中國正在快速富強中，十年之內，中國將成爲全球富強大國，那時投機的台獨才要接受統一，那麼，這樣徹底投機與騎牆的台獨人民，自問一下，有沒有資格成爲中華民族復興的一分子？而就連台灣人民也不願與台獨人共同生活在寶島台灣的。

總之一句話，統一將會使得中國復興的基礎更爲穩固，發展的速度更爲增加，讓中國走出分裂的歷史傷痛，讓中國成爲一個富強、民主、文明的大國。台灣同胞可以身爲統一復興的中華民族一分子，成爲普天之下堂堂正正的中國人，既然兩岸同是中國人，統一就是歷史賦予兩岸人民共同的責任與權利。

8 不戰而屈獨之兵

以選票棄絕台獨，兩岸不但沒有戰爭的必要，而且將是歷史盛世的開端。

在台獨已經在台灣成爲政治氣候的環境之下，兩岸單純的兄弟同胞情誼，休戚與共的利害，是不可能促成兩岸的和平統一。因爲台獨最終的目的，還不只是要分裂兩岸而已，而是要設法以兩岸戰爭拖美國下海，引爆中美的全面軍事衝突，台獨的政客一點都不笨，他們當然知道，兩岸和平統一對兩岸都有好處，但是對日本的霸權，絕對沒有好處。

他們更清楚的知道，台灣若是獨立，中國大陸勢必要武力保台，所以台獨對台灣沒有好處，但是台獨若能引爆中美的戰爭，讓中美兩敗俱傷，就會對日本霸業的復興有「大大的好處」。請記住，台獨的根源絕對不是國共內戰，因爲若是內戰，永遠只是「內部」戰爭的「爭正統」，而雙方都要自己統一全國而不會因此獨立與分裂。而台獨產生的根本原因是外來政權日本曾經長期的統治過台灣，培養台灣仇視中華的分裂毒根。其實在東亞戰略的架構而言，台灣永遠不能自己獨立，台灣一旦與中國分裂，只有投向日本的太平洋島鏈才能獲得安全與繁榮。這就是現任日本外相河野公開表達，台海問題「攸關日本生死大事」。

拋開幻想，面對現實

在「台獨謀我日亟」的危機下，兩岸統一攸關中國歷史興衰，兩岸的中國人必須撇開一廂情願的善意幻想，面對歷史血淚的事實證據，眞實的和平是建立在武力的基礎上，不是建立在單純的善意之上。這就是爲什麼所有的國家都企求和平，但是所有的國家都沒設立「和平部」反而設立「國防部」的原因，一個國家若是毫無原則的畏戰與避戰，最終還是難逃損失更大的一戰。

兩岸和平統一，是兩岸與全球華人共同企盼的歷史盛世，問題是，這個企盼已經離開事實越來越遠，爲什麼？原因在於中國大陸的領導人，不能面對台獨的歷史挑戰，只想以綏靖主義來迴避歷史的挑戰，無法果決的打擊台獨，造成台獨逐漸在台灣生根發展。台獨企圖分裂中華，台獨企圖拖國際強權捲入台海戰爭，有了台獨那麼兩岸哪裡會有和平統一的可能？台獨開始要把「兩岸」變質成爲「兩國」，在兩國之間，哪裡會有需要統一的道理，請問韓國會接受與日本的統一嗎？中國需要和印度統一嗎？因此，兩岸在沒有解決台獨的前提下，既無「統一」，也根本就不可能「和平」。

「兩岸」與「兩國」的一字之差，造成和平與戰爭的不同選擇，因爲，「兩岸」表示是雙方都承認自己屬於一個中國，所以，兩岸可以突破政治上的分歧，以兩岸人民的福祉與國家民族的利益做爲依歸，設法完成統一。這種統一可以在和平方式下獲得解決，原因很簡單，因爲兩岸可以在差異上做出互相重大的讓步，因爲不管是誰讓步給誰，最終結果還是中國人讓給中國人自己，所以最後兩岸的中國人也沒有吃虧。但是在台獨的因素介入之後，視兩岸爲兩國，在基本上，中國大陸就沒有任何立場要求「主權獨立」的台灣，接受與中國的「統一」，最多只能希望台灣與中國改善外交關係而已。德國能夠要求法國統一嗎？

問題是，中國大陸方面，過去一直沒有弄清台獨的本質，同時也受到國共戰爭歷史情結的影響，所以經常誤把台獨當成台灣，結果以同胞之情養大台獨。同時在受到愚弄之後，又把台灣當成台獨，對台灣文攻武嚇而引起台灣人民的反彈，所以，和平統一的政策，目前在兩岸無法獲得支持與落實。台灣越行越遠，國際強權的涉入越來越深，眞是可以清楚的看到「台獨謀我日亟」的歷史超級危機（好像目前只有中華民國的國安局看不到這個危機）。

台獨威脅兩岸和平

總結事實與經驗，兩岸和平統一的前提是，兩岸仍然承認自己是同一個國家，因為歷史的因素，目前處在尚未統一的狀態，在法理、人民與歷史的要求下，所以兩岸需要統一。但是，台獨的主張是，兩岸已經是各自獨立的國家，假如這是事實，憑什麼要叫主權獨立的「台灣國」與另外一個國家「統一」，假如台獨的主張成立，那麼兩岸最多是兩國的合併，而非兩岸的統一。

不過根據事實，到目前為止，世界上並沒有台灣獨立的「事實」（假如有，請告知台灣是何時獨立的，依照何種法律文件與宣告，以及得到國際社會的承認嗎？）只有兩岸分裂的「事實」（自一九四九年十月一日起，中國分裂成爲中華民國與中華人民共和國的兩岸，各自依照憲法的明文規定，仍然認爲自己的主權包括兩岸中國的領土，絕大多數的國際社會承認一個中國，支持兩岸和平統一），那麼，台獨就是企圖分裂與佔據中國領土的政治組織，兩岸的中國政府（無論是中華人民共和國還是中華民國）都要依法消滅這個叛亂組織。不但中國大陸認爲台獨是非法的叛亂組織，直到如今，台灣的憲法與國軍，仍然追求國家統一，反對台獨分裂。

爲兩岸剷除台獨，完成和平統一，有兩個方法，最高的境界都在於「不戰而屈獨之兵」，其中之一是靠台灣人民有著大是大非的徹底覺悟，在有膽識與遠見的政治人物領導之下，勇敢的站起來，帶領不甘與台獨同歸於盡，同時願意成爲中國復興歷史大業的台灣同胞，只要「輕輕鬆鬆」的以選票，揚棄所有的台獨政客與政黨，選擇主張和平統一的政黨與政治人物，就可以開啓轟轟烈烈的兩岸歷史新頁，這就是台灣政治結構優越的地方，以選票就可以和平的解決台獨，與和平的推動統一。

其中之二，假如台灣人民眞的已經成爲台獨政治勢力的人質，沒有政治組織或是政治人物敢站出來，率領人民以選票推翻台獨政府，那麼非常遺憾的是，那麼只能由中國大陸做出打擊台獨，完成統一的決定了。雖然如此，不戰而屈獨之兵的最高戰略原則仍然適用。

對於兩岸或是任何國家與任何時代，假如在必要時，使用武力保衛國家的領土與主權完整，原本是一個國家應有的權利與義務，在歷史的結構下，若是毫無原則的畏戰與避戰，會使得國家失去共識與團結的力量，虛僞和平的訴求，反而成爲國家自我沉淪與腐敗的藉口，能夠「敢」使用武力自衛，才是國家和平的保障。

因此，兩岸在面對台獨的挑戰之時，假如台灣人民自己無力剪除台獨，那麼中國大陸最終被迫需要以「武力保台」，戰爭固然是能夠避免就應避免，但是假如國家的領土主權不保，戰爭就不能避免，那麼迎向戰爭的挑戰，是一個國家民族在歷史的考驗下，能夠生存下去的條件。何況目前在兩岸之間，不戰而屈獨之兵絕對能夠派上用場。

不戰而屈獨之兵

要想實施不戰而屈獨之兵的戰略，前提一定是，要尊重與接納台灣的成就與現狀，千萬不要以國共戰爭的歷史情結，而蓄意打壓忠於中華民國的人民與團體，因爲無論如何，中華民國還是認同一個中國，中華民國在台灣的許多成就，都是中國人在歷史上的驕傲紀錄，而且這些成就可以與中國大陸分享。對於正港的中華民國而言，台獨一樣是她的敵人，台灣人民支持中華民國並沒有任何的不對，中華民國一樣應該追求兩岸的統一。

問題是，台獨在國際強權的支持下，目前以「中華民國」的名稱，做爲台獨的外衣，以反共做爲抗拒統一的移花接木詭計，所以，多數的台灣人民，都在維持現狀的誤解狀況下，成爲台獨政治勢力的人質。而不戰而屈獨之兵的戰略，就是針對這個事實，把打擊台獨做爲「寄望」台灣人民覺醒的手段，而原本有愛國傳統的台灣人，一旦清楚的發現台獨的目標是要台灣與台獨同歸於盡，那麼台灣人民就會自己動手，清楚明快的解決台獨，讓兩岸可以達成和平統一，以兩岸相輔相成的力量，共創一個統一、復興、富強的新中華，完成兩岸所有中國人的共同願望與歷史責任。

「和平統一、一國兩制」是一個具有歷史現實與前瞻性的政略原則，在這個原則之下，希望兩岸能夠在一個中國的前提之下，平等協商，找出兩岸都能接受的統一方式，而能以和平的方式，完成兩岸的統一。一國兩制則是考慮到兩岸分治五十年的歷史現實，不希望因爲兩岸的統一，而瞬間與大幅的改變兩岸的政治制度與經濟架構，造成兩岸人民既有利益與生活方式的毀損。同時更具有歷史前瞻的構想是，一國兩制的統一，必然會造成兩岸政治制度的競爭與學習，在這個互動的政治架構之下，會使得中國的進步更爲穩健與快速。

但是台獨是不可能接受任何的統一提議，首先，台獨的背後，是國際強權百年分裂兩岸國際政治陰謀，從甲午戰爭開始，國際強權就站在支持日本的一方，教唆日本奪取台灣，以封閉中國出海的地緣基礎，破壞中國的國家安全與改革發展。二次世界大戰中，國際強權一度密謀將台灣國際託管，全靠開羅會議中國力爭才作罷。一九五〇年韓戰爆發的第三天，國際強權更是立刻片面介入台海，造成兩岸分裂的國際化，直到如今，冷戰已經結束，兩岸交流互動頻繁，台灣幾乎已經納入中國經濟圈之時，國際強權還出售幾百億美元軍火給台灣，以支持台獨的分裂實力。

國際強權設法阻止中國統一

以全球的戰略格局而言，目前是兩岸和平統一最佳的歷史機遇，俄羅斯的全面衰落，不但給中國免除戰略最大的威脅，而且還有條件的支持中國提高軍備實力，不過，中國人要清楚的知道，俄羅斯絕非中國眞正的盟友，百年來，俄羅斯對中國的侵略最多，戒心最深，目前只是逼不得已的支持中國，只要俄羅斯的元氣恢復，第一要防的，還是中國的復興（其實韓戰的爆發，正是俄國阻止兩岸統一的一石二島之計)。印度目前正在設法興起之中，但是尚未達成對中國的威脅，越南也掙扎在窮困之時，日本遭逢十年的國力退縮，目前力圖要想恢復軍力與國力，不過仍然遭到一些限制，美國剛剛利用新經濟重振國力（今年國防預算開始反轉上升），但是軍力尚未獲得重振，正處於冷戰時代以來的最低點，甚至從歷史角度而言，朝鮮半島未來的統一，都會對中國造成極大的地緣戰略壓力。這些國家，沒有一個能夠接受兩岸統一與中國復興的歷史發展，但是目前，她們都沒有力量公然阻止統一。

由於中國的地緣戰略結構相當的不利，幸而天佑中華，有台灣做爲突破太平洋地緣戰略封鎖的基地，有青藏高原做爲居高臨下掌控南亞的制高點。兩岸統一，中國就可以直接進出太平洋，控制南海的北方側翼，切斷太平洋島鏈的封鎖，這樣在地緣戰略上，中國得到有如圍棋中的活命「結」，可以反制日本甚至韓國未來可能的戰略威脅，形成東南亞地區南中國海的盆地外緣（有數千萬的華僑協助），更爲重要的是，兩岸的太平洋艦隊，可以直接進出太平洋，兩岸共同發展海洋三百八十萬平方公里的海洋資源，與美國相遇於太平洋，共創中美合作的新世代。這樣國際強權百年圍堵中國的歷史大計，就此完全破功，她們只有選擇與中國共存發展，國際社會的哲學是「打不過，就結盟」。

因此，最近幾年正值國際強權衰弱的時間，正是中國復興與和平統一的歷史機遇時刻，兩岸的中國人必須抓住這個稍縱即逝的機會，完成兩岸和平統一的歷史大業，否則一旦國際強權的力量復甦與合攏，那麼兩岸的統一，要想不付出鮮血的代價，恐怕是不可能的事了。

台灣去中國化的質變

另外，至少到目前爲止台灣人民仍然拒絕認同台獨，只是在台獨民粹主義的洗腦之下，台灣人民的中國認同還能撐多久，已經成爲疑問。這就是在李登輝偷天換日十二年與陳水扁執政之後，台灣問題已經開始「質變」，兩岸之間，已經不再是過去的國共政治問題，而是台獨分裂國土的民族問題。

這個兩岸出現「民族分裂」問題的台獨質變，已經影響到中國大陸政府對於統一政策的轉向，開始強調武力統一的可能性，目前中國大陸軍事準備全面的提升，心防、民防與國防的全面動員，後勤系統的全面開工生產，以及「擁軍支前」的政策落實，都已顯示，中國大陸已經有了武力統一的眞正準備。

中國大陸政府一旦被迫採取戰爭的手段統一，當然就比較難以保證戰爭的結果，不會造成兩岸軍民的傷亡，以及財產的破壞與損失，甚至引起國際社會的干預與衝突。就算以武力完成統一，之後如何妥善的治理台灣，也是一個比較複雜的狀況。因此，假如還能有不戰而屈獨之兵的戰略手段可以使用，中國大陸可能還是應該加以優先的考慮。

打擊台獨絕非摧毀台灣

趁著國際強權干預台海的力量渙散，以及台灣人民認同中國之心未泯之時，以

「保護台灣，打擊台獨」，是不戰而屈獨之兵的根本原則，追求兩岸的和平統一，是全球中國人共同的願望。

台獨根本只是一個政治的虛構圖騰，因爲它沒有文化的內涵與歷史的基礎，沒有法律與事實的支持，目前台灣人民暫時在民粹主義的幻覺之下，受到這個惡勢力的欺騙與裹脅，而造成兩岸的危機。事實上，打擊台獨既輕鬆、簡單又少有副作用，而全面攻擊台灣則會造成兩岸的損失與國際社會的危機，只要台獨遭到打擊，暴露出台獨無能與醜陋的眞相，台灣人民會自己動手解決台獨，兩岸的和平統一政策，才能眞正的落實運作。

基本上，台灣人民是絕對不甘願與台獨同歸於盡，但是目前又無力掙脫台獨的欺騙與操控。因此，目前中國大陸軍方，正在認眞的考慮「點穴戰爭」來對付台獨（這點台灣的國安局與國防部也注意到了），就是中國大陸軍方可以使用近乎外科手術式的無流血軍事行動，輕易地癱瘓台灣極其脆弱的工業電力、電訊或是供水系統，造成台灣工業生產的大規模停工，整個金融市場的崩潰，以及大量國外訂單與投資轉向中國大陸。

老實說，這些年來，中國大陸的軍事特工人員秘密進出台灣，沒有上萬也有幾千，以輕巧高威力的塑膠炸彈破壞台灣的電塔、水道，是輕而易舉。中國大陸的人造衛星更是把台灣大大小小的一切結構與位置，纖毫畢露地納入數位電腦之中，重返氣層導彈與巡航導彈，可以精確攻擊到許多重要目標。這樣的無血攻擊，國際強權很難直接干預，台灣又沒有重大的破壞，但是卻可以達成台灣經濟的崩潰與台獨政府的崩潰，因為台灣人民絕對無法忍受股市崩盤與出口的停滯，台獨政府若是無法控制兩岸危機所產生的經濟災難，就只有被台灣人民的選票所推翻，兩岸和平統一的前景就會出現。

所以，就目前的狀況而言，只要掌握不戰而屈獨之兵的戰略原則，兩岸和平統一仍然有著極大的可能，前提是，只要以行動打擊台獨，根本沒有必要威脅甚至攻擊台灣，而造成台灣人民的反彈。當台灣人民發現自己正在被騙上與台獨同歸於盡的死路之時，台灣人民就會知道，自己應該如何選擇活路。

台灣人民至今不肯認同台獨，不願與台獨同歸於盡，對兩岸戰爭拒絕死心踏地的支持，所謂台獨的「心防」極其脆弱，這正是台獨政府最爲擔心的「死穴」，所以千方百計的要進行台獨的洗腦，要台灣人民仇視中國，以建立徹底的台獨心防與敵我意識，假如多數的台灣人民已經接受洗腦，認定台獨了，那麼打擊台獨與攻擊台灣就會成爲同一件事，如此一來，兩岸也就只能「武力統一」了。

其實，和平統一與未來發展的球，是在台灣人民的手中，假如台灣人民要選擇台獨，那麼兩岸終將走上攤牌的局面，這對於台灣而言是一條絕路，假如台灣人民決心棄絕台獨，推動兩岸的和平統一與發展，那麼台灣的前途豈只光明而已，簡直是輝煌與燦爛。如何能不戰而屈獨之兵，也許是兩岸共同的歷史挑戰。

戰爭不是發展的末日

退一萬步說，假如兩岸眞的爲了統一而爆發全面戰爭，會不會因爲台海戰爭，出現兩岸的建設全面受到破壞與封鎖，造成兩岸的經濟倒退二十年的狀況？

其實根據歷史的事實而言，大部分戰爭的爆發，對於當代的社會，不一定會產生破壞的結果，甚至會產生進步的動力，戰爭會對歷史產生何種的影響，主要還是要看戰爭的規模、時間與打法而定，無法一概而論。台海戰爭使得中國大陸經濟成果付之一炬，是虛構的幻想多於事實的推演。

說實在的，中國大陸政府不是沒有打過大仗，除了國共戰爭之外，四次不同程度的衛國戰爭，都沒有造成什麼國家經濟全面倒退的危機，反而能夠因此振奮人心，提高政府威信，同時乘勢改造經濟結構。以最近五十年的歷史而言，美國先後進行過大規模的韓戰、越戰、波灣戰爭以及小規模的拉丁美洲、歐洲的作戰，是作戰最多的國家，結果是，美國騰飛成爲全球最富強的國家。另外，曾是超級強權的蘇聯，五十年來，只有在阿富汗進行戰爭，結果蘇聯在和平狀況之下瓦解，成爲負債累累、衣食都成問題的悲慘國家。

台獨反擊力量微乎其微

目前兩岸一旦爆發戰爭，戰爭對於中國大陸的破壞與影響都是極其微小的，因爲台灣幾乎不具對中國大陸攻擊與破壞的作戰能力，三百五十架輕型攔截機，恐怕最多只有幾次騷擾福建沿海的機會，甚至連一次機會都沒有，因爲台灣幾乎沒有戰略縱深可以支持攻勢作戰，台灣八個在岸邊的機場，直線距離在十五分鐘的戰鬥飛行距離之中，全在中國大陸的先制奇襲攻擊的目標範圍內。因此，台灣空軍能否在中國大陸擁有全面的制太空權與制電磁權的優勢下，發揮守勢戰力，是大有疑問的，若還要發動攻擊，恐怕是有去無回的多。

台灣的海軍更是在狹窄的海峽中，成爲對艦導彈桶中射魚的目標，既不能封鎖中國大陸港口又不能靠近中國大陸沿岸，完全沒有威脅中國大陸本土與航線的能力。台灣的陸軍就不必說了，百分之百的海島防守作戰，連金門、馬祖與澎湖都不可能救援，就別提「反攻大陸」了。所以兩岸一旦全面作戰，幾乎可以斷定的就是中國大陸的「境外決戰」，與台灣的「境內決戰」，中國大陸所有的經建設施，當然也是完好無損。人民大量的儲蓄以響應「擁軍支前」，相關國防工業全力生產，對經濟也會有正面的影響。

事實上，台灣軍民目前對於台獨並無共存亡的共識，加上台獨政客一再宣傳，解放軍不過是紙老虎而已，絕對過不了海峽。所以台灣的心防、民防幾乎不存在，造成軍方的備戰要求，只是孤掌難鳴的苦撐而已，連個起碼的國防預算要求，都要求不到，軍事演訓更是經常遭到民眾的反彈與威脅，軍隊的基本信條成「沒事擺當中」，「作戰能力」靠邊站。更別提台獨政治的嚴重干預軍事，有志節的軍官無法專業，懂得政治彎腰的軍人才有前途。台灣一旦遭到「決戰境內」的全方位打擊，根本不會有什麼眞正的浴血戰鬥。台灣的軍心與民心就會棄台獨如垃圾，兩岸也就停戰。因此，台灣除了軍事目標之外，所遭到的破壞也會有限。

美國軍力不足的限制

那麼美國直接軍事介入呢？當然情形會複雜很多，問題是，美國目前的傳統軍力，早已降到冷戰時代以來的最低水平，也只有打伊拉克的波灣戰爭時的一半實力而已，美軍目前傳統武力，只有十個陸軍師（每師一萬五千人），三個陸戰師，十二個空軍聯隊（每隊七十二架戰機），十二個航空母艦戰鬥群（每航母八十架戰機），三一五艘艦艇。美國國防預算二千八百億美元（當然美軍二等兵的薪水比中國大陸上將的薪水都高），高科技裝備優秀，但是近來軍中士氣極低，軍官缺員嚴重，美軍特別不願在海外駐軍與打仗。

美軍以如此有限的兵力，又需極度依賴效果不穩定的高科技裝備支援，還要負擔七千公里長的太平洋後勤線，實在很難與戰略縱深極大的中國大陸，進行傳統軍力作戰，何況中國大陸的飛彈可以直接攻擊到美國本土與海外基地，海空軍可以打擊到美國的航空母艦戰鬥群，美國能如何打敗中國?眞的非常困難，以美軍當年絕對海空優勢，對小小的越南都尙且束手無策，要對中國攻擊，陸戰是絕對不可能，海空戰爭效果有限，而且損失的風險很大，戰爭結束更是遙遙無期。

同時，假如中美的戰爭一旦全面爆發，別說中國大陸與台灣中止對美國的經貿，日本、韓國與東南亞各國的經濟，都會全面的受到波及，爆發一個全球性的經濟大危機，這不是美國政府所能承擔的。美國政府也必須要擔心，假如她的航空母艦戰鬥群遭到中國的中子彈擊中，那麼美國政府如何向人民交待?在韓戰與越戰，美國尙且嚴令美軍飛機與軍艦，不得進入中國的領土與領海，以防戰事擴大，在協防台灣時，更是不敢靠近金門運補。未來中國對台獨發動奇襲攻擊，只要自我克制，不主動挑釁美國，全力的狠打台獨，中美之間恐怕根本就來不及交手，台海戰爭就已經成爲「過去式」了，美國還有什麼好參戰的。

大膽的迎向歷史挑戰

以歷史事實而言，只要掌握戰略上主動、集中與奇襲的原則，師出有名的有限度戰爭，反而可以激發國家民族同心共識的潛能，掃除社會上所有的腐敗與萎靡因子，加速經濟的生產與發展，對於國家進步與發展不見得全是負面的結果，這就是美國在二十世紀崛起的手法之一。當然這樣的講法，並非在鼓吹戰爭，而是陳述歷史事實的教訓。不過，台海戰爭畢竟會造成同胞的流血與損失，所以能夠避免就要加以避免，但是毫無條件的一再畏戰，結果反而會產生更多的內部危機與外部的問題。

其實二次世界大戰的爆發，都是因爲一再避戰與畏戰政策，在當時當然有很充足的經濟、人道、社會等等「理由」，但最終仍然無法避免全面的戰爭。有歷史學者清楚的指出，假如當時自由民主國家能夠不畏戰，而意志堅決的維護正義與利益，只要果決的採取有限軍事行動，那麼二次世界大戰根本就不必爆發。

說得殘酷一點（其實是歷史的事實），像中國大陸這樣的戰略大國，過去若是沒有韓戰奠定五十年的整體和平，沒有越戰建立改革開放的穩定環境，中國大陸哪裡會有今天的發展。現代歷史從來沒有放過對中國的嚴酷考驗，國際強權誰也不會坐視中國的統一與富強。兩岸想要統一與復興，進入太平洋，就必須亮出實力，好讓國際強權心服口服，否則哪有這麼容易就過關的事？這正是中國大陸領導階層，最近開始有了必要時「不妨打一仗」的構想。歷史的事實是，戰爭是會造成一些問題，但是也可以解決許多的問題，台獨政客可千萬不要以爲戰爭會妨礙中國大陸的經濟發展與國際關係，所以中國大陸就不敢以武力消滅台獨。

其實，歸根結底的一句話，只要台灣人民大膽迎向歷史的挑戰，自己「動手」剷除台獨，以民意與選票解決台獨的政治影響力，那麼眞是可以達到不戰而屈獨之兵的最高戰爭境界，兩岸能夠和平統一，眞是歷史的大幸，也是台灣的大幸，全球的華人更是幸甚。

不戰而屈獨之兵，是歷史上與戰略上最高智慧選擇，歷史要問，台灣人民準備好了嗎？

9 兩岸歷史的大未來

當中國走出甲午戰爭的傷痕，再度發出歷史的光芒之時，台灣將是中國的太平洋之珠。

所有的中國人絕對不會忘記一八九四年的甲午戰爭之恥，這個血淚的歷史結果，嚴重打擊到中國的國命民脈與民族自信心，讓中國蒙受數不盡的欺凌。日本則是利用一系列欺凌中國的機會，踩著中國人民的血淚而富強與發展。日本從中國強佔台灣與朝鮮半島，奪取中國東北的資源，從中國總共奪取高達五萬萬兩的白銀賠款（馬關、庚子賠款與利息，相當中國政府十六年的歲入），以及大量的經濟剝削。日本明治維新之後，所以能夠如此快速的富強，並不是日本政府的英明領導而已，其中有著中國大量的血淚在內。這些資源原本是中國發展富強的本錢，但是完全成爲日本強國強兵的資產。

孫中山先生與所有的革命先烈，就是從這個歷史悲痛之中，決心革命救中國。中日之間的歷史競爭，就始終沒有停止過，雖然中國贏得抗日戰爭，但是中國饒恕了日本，免除日本的割地賠款，但是日本卻沒有放過中國，直到今日，台獨的毒根，仍是日本割據台灣的歷史遺毒與幕後操縱。面對二十一世紀，全世界只有兩岸的中國仍要面對歷史分裂的悲劇（兩韓雖然仍在分裂狀態，但是它們之間絕對沒有分裂的意圖），兩岸不能統一，中國遭受日本侵略的傷痕，就無法治癒，中國就很難確保國家安全與民族發展，而繼續陷在國際強權設計的戰略圍堵之中，中國就別想在歷史中再站起來！

因此，兩岸歷史的大未來，就是共同創建一個統一與復興的中國，假如兩岸能夠在一國兩制的原則下，以和平方式完成統一的新中國，那麼兩岸可以結合彼此不同制度的優勢，共創中國人世紀的歷史盛世，切斷日本圖霸太平洋的島鏈，領導東亞經濟圈的發展，同時給東亞與世界帶來和平、發展與繁榮。但是，假如台灣眞的要走上台獨的絕路，成爲日本封鎖中國走進太平洋島鏈的一環，那麼武力統一的「一九九五年閏八月」歷史寓言，就有可能會成爲歷史的事實。

中國大陸已經從台灣，遙望到來自無涯無盡的太平洋世紀機遇與挑戰，同樣的，台灣也能從參與中國大陸的復興與發展中，找到自己的歷史根源與歷史定位，藉由兩岸和平統一的談判，共同商議合組一個新的統一的中國，這個中國將會重現中國的歷史輝煌時代，對全世界形成和平、繁榮與發展的貢獻。

統一是唯一的選擇

對於兩岸的未來而言，統一是唯一的選擇，假如兩岸的中國在二十一世紀還是一個分裂的國家，還要讓建設兩岸的資源，浪費在相互的戰略對抗中，還要讓兩岸的中國人，在全球各地都要繼續成爲彼此仇視與隔離的族群，還要讓國際強權在兩岸的分裂中獲利，這樣，歷史不會饒恕兩岸人民在歷史上錯誤選擇。

台灣人民也許會問，爲什麼統一是唯一的選擇？而不是可能的「選項」，原因很簡單，因爲台灣過去是中國的領土，現在仍是中國的領土，未來也必定是中國的領土，沒有人能夠脫離歷史事實的結構，人所有的選擇也有其本質的限制，如同沒有人能夠選擇自己的出生、自己的父母、自己的種族與膚色。台灣無法選擇自己不是中國的領土，因爲在歷史上，台灣已經是中國的領土。假如有人一定要選擇犯法，那麼政府就一定會選擇執法，假如台灣人民一定要選擇台獨，那麼就會與中國的統一發生歷史的衝突。

當然，假如歷史上，台灣原本不是中國的領土，就不會有中華民國成爲台灣合法的政府，那麼目前也就不會有「兩岸」的問題，也不會有「統一」的問題，兩岸只有兩國交往的問題，只有兩國是否「合併」或是「加盟」的問題。這時候，是否願意與中國大陸「合併」，就是「台灣共和國」人民一個可以選擇的選項。

中國人民也許也會問，爲什麼兩岸統一是每一位中國人的責任？答案還是一樣的，因爲台灣是中國的領土，是全體中國人在抗日戰爭中，以三千萬人的生命所贖回的寶島。因此，台灣人就是中國人，維護中國的領土與主權完整，保障台灣人民免除台獨分裂的裹脅，是所有中國人民共同的責任，正如台灣人民一樣有責任參與中國的改革與復興，這是台灣人民做爲中國人的權利與義務。

從對方的立場思考問題

要想解決兩岸的歷史僵局，雙方必須設法從對方的立場與角度著想，而兩岸必須遵循的最高原則是，如何統一才是兩岸生存發展的最佳方案。否則，兩岸只是站在自己的本位來思考，恐怕是成見越辯越深，猜忌越來越大，而錯失和平解決的良機，最終只能以悲劇的方式來解決兩岸的問題。

首先，中國大陸從台灣的立場來思考問題，台獨的主張與分裂的安排，在台灣有其一定的國際強權背景與權謀的運作。在本土化民粹主義的炒作與控制之下，利用反共的恐懼情結，在台灣已經形成影響極大的政治力量，假如中國大陸政府對於打擊台獨還要心存幻想，還在瞻前顧後的失去方略，那麼台灣最終成爲台獨勢力控制的反華基地，將對中華民族的復興形成最大的歷史挑戰。假如中國大陸不能正視台獨的危機發展，就是將中國的未來，置於根本的危機之中。

但是，中國大陸也必須深入瞭解與尊重台灣的成就。因爲台灣過去在中華民國政府的領導與建設之下，台灣展現了許多中國人歷史性的成就，台灣在一些經濟、政治、社會方面的發展事實，都是全體中國人的光榮。台灣的這些成就，對於中國大陸的改革開放，更是有著很大的助益。若是要台灣直接接受中國大陸目前的政治經濟體制，對於台灣而言，無異是災難的打擊，同樣的也將影響到中國的發展，所以以「一國兩制」來解決兩岸問題，是一個需要完全落實的根本原則。

兩岸和平統一共創新中國

問題是，台灣人民有著太多被出賣的悲情歷史與恐懼心理，而對比起來，中國大陸是如此的巨大，雙方歷史的恩怨是如此的複雜，所以要讓台灣人民免除恐懼，心平氣和的接受中國大陸一國兩制的提議，中國大陸方面就要特別的自我克制與讓步表現，在和平統一的進程中，所謂中國大陸對台灣的讓步，不也是讓給台灣的中國人嗎？中國人讓步給中國人來完成統一，中國就沒有吃虧可言。

既然兩岸統一絕對不是誰吃掉對方，那麼，中國大陸方面應該清楚的宣示，「一個中國」的內涵絕非是指「中華人民共和國」，「一個中國」只是兩岸追求統一，反對分裂的基本原則，統一也絕非僅僅將台灣列爲中華人民共和國的一個特別行政區而已，統一應該有更大的歷史格局，就是兩岸可以共同協商的統一之後新中國的架構。在「一個中國」的原則下，什麼都可以談，包括兩岸的政治體制談判，甚至包括國號、國旗等國家象徵的變化，都在統一談判的內容之中。

因此，在一個中國的原則下，兩岸什麼都可以談，應該確認一個中國的宣示，「世界上只有一個中國，大陸與台灣都是屬於中國，中國的領土與主權不能分割，兩岸應該共同打擊台獨，以和平談判方式追求統一，共同創建一個統一的新中國」。

台獨絕對是歷史的災難

同樣的，台灣人民也要從中國大陸的立場思考，任何形式的台獨，都絕對是中國大陸與全球華人無法接受的前提，因爲依照法律、歷史、血緣、文化各種的關係而言，台灣都是中國的領土。因此，中國人民與政府，是絕對不可能接受台灣的獨立，從而危及到中國的國家安全、民族發展以及歷史的責任。這絕絕對對與共產主義政府的「興無滅資」解放台灣的歷史使命無關，兩岸統一是中華民族的根本立國要求。打擊台獨追求統一，絕對是所有中國人的基本權力與責任。

目前中國大陸已經從與台灣統一的身上，看到太平洋世紀的挑戰與機遇，中國必須要在國際強權完成合圍中國之前，打開通往太平洋的門戶，切斷日本南進的島鏈防線，建設台灣成爲中國的太平洋之珠，兩岸統一是爲東亞和平發展，建立一個歷史性的基礎。

至於台灣人民關心，為什麼中國大陸不立刻放棄共產主義，實施西方的民主政治，以確保台灣不會被吃掉。那麼台灣人民必須要瞭解，目前中國大陸正有計畫的在改變共產主義，以讓中國大陸能夠找到一個穩定發展的環境，因為中國的現狀是如此巨大與複雜，想要等著整垮中國的國際強權，是如此詭詐與凶狠，目前中國大陸的政治、社會與經濟環境，是絕對無法承受「革命性」的政治變天衝擊，因此，由共產黨來逐步改變共產主義，實施民富國強的政策，創造政治改革的環境，對於目前的中國，乃至於東亞與全球而言，都是最好的選擇。

中國要改革而非革命

否則中國一旦發生革命性的政治巨變，以中國當前的政治、經濟與社會環境而言，狂熱的民粹主義絕對會當道，中國不是出現天下大亂的解體，就是成為奄奄一息的弱國，這對中國大陸是災難，這對台灣也是災難。假如台灣人民對民主政治有信心，那麼就必須同樣對民主政治有耐心，民主政治若是能在經濟、社會等條件配合下，逐步生長而成，民主政治才是國家人民的福祉。否則急促、幼稚與脫序的民主政治，只會給中國帶來混亂與衰弱，這絕對是全球的災難，也就更別提對台灣的衝擊了。

其實，對於中國大陸的領導者與人民而言，特別是海外的大陸留學生，何嘗不知中國大陸政治體制改革的重要，但是，他們明白，雖然民主是政治發展的根本原則與最終目標，不過，西方式的民主政治架構，對於多數國家的現狀並不適用。看過拉丁美洲化、俄羅斯化與菲律賓化，更別提亞非的一些「民主國家」的實例，目前中國大陸無法接受一個會讓國家陷入內耗的政治制度，民粹主義型的民主政治，已經在中國大陸產生太多的悲劇。假如我們定義的「民主政治」是代表政府的施政能夠反應民意，能夠讓人民擁有法律的保障與自由發展的權力，以及提供國家安全、社會穩定與行政效率的服務，而不是問有沒有總統與官員直選的投票，那麼我們也許會有更爲健全的觀念來看待民主政治。要從歷史的實際環境，要從歷史發展過程來看中國的政治結構改革，才是兩岸之福。

一國兩制的重要性

實施一國兩制，對於兩岸的政府與人民而言，都是一個眞正無法迴避的歷史挑戰，在一國兩制的架構下，假如中國大陸做得不好，中國大陸的人民會更容易進一步的考慮，要求中國大陸實施像台灣一樣的政治制度，而在一個中國的架構下，中國大陸政府就更難有迴避的藉口。

反過來說，台灣的民主政治制度，其實也有很多的問題，甚至是潛伏著危機，未來台灣能不能比得過中國大陸的進步，眞的還是一個值得思考的問題呢！至少在目前，台灣在一些地方就不如中國大陸，無論在國家安全、經濟發展、教育改革，中國大陸都有其優勢之處，比一下台灣的行政院與大陸的國務院，誰的執政好？比一下兩岸的立法機構，誰的立法效率高、品質好？比較一下北大、清華與台大、成大，誰的教育素質高？那麼兩岸也可以比一下，未來五年，台北、高雄還能與上海、北京、廣州的發展比較？還是台灣島的經濟社會能與長江三角洲、珠江三角洲、環渤海灣地區進行比較？

總之，站在兩岸歷史大未來的挑戰與機遇之前，以兩岸人民最高的利益而言，中國大陸不可能放棄台灣，台灣也不能離開中國大陸，兩岸只有統一，停止分裂的對抗，結成命運共同體，兩岸的發展才會更好。所以，對於兩岸而言，統一是唯一的選擇。

當然，必須再強調一次，所謂兩岸在一國兩制之下的統一，絕非是由大陸吃掉台灣，或是僅僅把台灣變成中華人民共和國的一個特別行政區而已，而是兩岸在追求統一共識前提下，進行和平交流互助合作，然後共同協商，如此構建一個全新的中國。統一是一個構建兩岸新國家的漫長過程，不是一夜之間的政權易手。

兩岸分裂的歷史已經夠長了，兩岸分裂的代價也已經夠多了，難道兩岸非要最終走上兵戎相見的地步嗎？事實上，兩岸的關係已經發展到必須要統一才能突破發展危機的時刻，兩岸絕對不能在國際強權與台獨勢力的操縱之下，進行分裂的對抗與資源的消耗。雖然兩岸統一所要面對的問題與挑戰，將是非常的巨大，但是兩岸一旦眞心誠意的推動統一與合作，許多的危機都會成爲轉機，中國歷史統一的大未來，將是一個千年才有的歷史盛世新時代。

而台獨的歷史逆流，是完全違背了台灣人民的歷史根源與未來命運，因爲台灣的根就是中國大陸，台灣的現在與未來，也都離不開與中國大陸的密切關係，對於中國的歷史復興大業，給與台灣發展一個千載難逢的歷史大機遇。但是假如台灣要接受台獨的歷史逆流，中國大陸有些人，特別是軍方，也開始逐漸從「反獨」到「仇台」，那麼台灣的下場絕對是萬劫不復。

龍是中華民族的圖騰，中華巨龍的命運必然是以全球最大的水域——太平洋做爲自己生存發展的空間，台灣是由中國移民、中國統治與中國發展的地方，因此沒有人可以否定與剝奪中國與台灣統一的權力，台灣當然就是中國進出太平洋的門戶，中國的太平洋艦隊與海洋發展中心，就要設在台灣寶島。台灣的前途與中國的發展，是絕對的生命共同體，台灣不能切斷與中國歷史的根源，台灣不能沒有中國大陸廣大的空間與市場供它發展。

歷史已經無法逆轉

當然面對統一的發展，台灣人民最大的擔心，就是中國大陸的共產黨會不會一夜之間翻臉，再搞個什麼文化大革命，把台灣所有的一切成就弄光。答案是絕對不會，因爲假如中國大陸還有人要搞文化大革命的政治運動，或是實施共產主義的政治經濟制度，首先造反的，絕對是中國大陸的人民與中共的解放軍。

因爲中國大陸人民已經知道，開放改革是富國強兵利民的發展正道，目前中國國力快速上升與人民生活的改善更是已見成效的事實，未來也必然會進一步的走向民主，在這種情況之下，沒有一個人可以用任何政治的「主義」，來摧毀中國大陸已有的成果，阻斷中國的進步與希望，若是這種事情發生，中國人民絕對不會答應，中國政府領導人，也沒有人「敢」或是「能」重回這樣的「革命」，因爲這種政治狂熱的做法，會毀掉經濟、毀掉民心、毀掉中國，也就會毀掉政權。

對於解放軍而言，強國強兵得到人民的支持與尊重，才是他們的立足根本，假如實施馬列主義，中國的經濟社會與政治都會出現全方位的倒退，那麼解放軍也一樣會面臨崩解的危機。看看俄羅斯紅軍悲慘的例子，狂熱的革命是會要掉大家的命的。

所以，台灣人民不必擔心統一會被吃掉，更不必擔心中國大陸會翻臉，事實上，在統一的過程中，中國大陸會千方百計盡全力保護台灣，讓台灣有更大的發展，這樣中國大陸才有更多的成長動力。毀掉台灣的成果就等於打擊中國的發展、中國的機會與中國的未來，中國不會這樣做。中國大陸不會因爲上海、廣東的發展成就驚人，就決定要沒收上海、廣東的一切成就，同樣的，中國怎會把太平洋之珠的台灣給扼殺，而毀掉中國的前途呢？

對中國大陸而言，能夠有今天的國力與穩定的原因，全在於改革開放，因此在中國大陸，改革開放的歷史已經無法逆轉。正如台灣走進自由民主的社會一樣，民主的歷史也一樣無法逆轉。

台灣可以影響中國大陸的改革

進一步而言，假如台灣希望中國大陸的改變能夠進一步擴大到政治層面，這個願望會因為兩岸的一國兩制，而加速其實現，因為兩岸各自保持自己的制度，就形成一種實際上競爭，誰做得好，誰的制度就會受到人民的肯定，誰的制度就會受到學習與接受，中國大陸的現狀，的確需要改變，但是絕對不能進行「革命」的變化，政治的運作一定要能給國家提供安全，社會得到保障，經濟可以發展，而民主政治更是一種尊重多元化的政治制度，誰的制度好，誰的制度有改變的彈性，要以事實來衡量。一國兩制正是兩岸政治制度一個最佳的比較機會。

至於台獨，中國人是不可能容許它在中國的領土中發展的，這不是民主不民主的問題，而是中華民族基本生存立場的問題，中國絕對不會允許台灣分裂，所以，假如台獨眞的要挑戰中國的生存立場，那麼中國只有與台獨攤牌，道理就是這樣。假如台灣人民眞的認爲，有可以選擇台獨的自由，當然就要付出選擇台獨的代價，正如中國人民必然選擇反對台獨的立場，中國也要爲維護領土主權完整與國家民族的利益付出代價。「自由不可以違法，民主不可以叛國」的道理，台灣人民當然應該知道。

目前，中國已經開始走上復興的歷史大趨勢之中，雖然中國所要面對的挑戰與考驗，幾乎是無窮無盡的，但是中國解決問題的能力也是源源不絕的。以歷史過程的角度觀察，中國已經與過去大大的不同，中國正在躍升。中國需要台灣的幫忙，共同完成中國的復興，而台灣也已經不能沒有中國而能發展，中國若是有台灣的合作，中國會發展得更快更好，兩岸本來就是同根同源同命運的一個國家、一個民族，未來更是如此。

在台灣人民選擇統一之後，台灣會在中國的復興上，有更大的影響力，關於兩岸如何統一、統一的架構、統一的時間與過程等，都是需要兩岸極多的時間與智慧來逐步完成的，這個談判的過程恐怕就要五到十年以上，最終的完全統一更要十年、二十年，這正是中國大陸成爲全球經濟力最大國家所需的時間，到時候，中國已經是超越美日的一等大國了，中國早已由能夠接受世界潮流的新生代來治理了，統一剛好水到渠成。

假如台灣人民選擇獨立，或是在癱瘓政治迷幻之中，以保持現狀而任由台獨玩弄兩岸的分裂與對抗，那麼台灣人民至少要知道這樣做法的危險性，台灣已經沒有多少時間可以在兩岸的對抗下進行消耗，中國大陸的進步很快就會超過台灣，台灣將會受到中國復興歷史的遺棄，台獨更會遭到歷史命運的打擊。

打擊台獨義無反顧

那麼面對兩岸歷史的大未來，台灣與中國大陸應該如何妥善處理呢？理論上，解決問題的主動權是在於台灣人民的手中，因爲台灣擁有政治的開放性，台灣人民只要以選票清楚的表達支持統一的決心，不要任由政客玩弄「維持現狀」的迷幻魔術，不要支持導致台灣危機的台獨民粹主義，就可以立刻開創中國統一與復興的歷史，對於台灣更是前途無限的機遇。

但是，事實上，在民粹主義自閉症的結構中，台灣人民很難有這種的選擇機會，因爲台獨民粹主義早已摧毀了台灣認同中國的政治架構，目前幾乎沒有政黨與政治人物，敢帶領台灣人民面對事實，勇敢的走向兩岸統一的大未來，台灣人民也不敢違逆台獨的壓力，相信以自己的選票，就可以創造兩岸的大未來。政客不敢負責，台灣人民也就無從做主，最多只能以「維持現狀」的方式，來避免兩岸的攤牌而已，主張和平統一，在台灣幾乎已是政治上的絕路。

因此，最終解決兩岸僵局與危機之路，恐怕還要中國大陸採取主動的行動，將台獨這個魔咒從台灣人民的心中移走，台灣人民才能走出民粹主義的自閉症，看清歷史的大未來，選擇統一。這點又是多麼的可悲呢？

這就是中國大陸目前正在加強軍事力量的原因，假如中國大陸不能給台獨一些實際的打擊，讓台灣人民眞的知道成爲台獨人質的危險，那麼台灣人民就無法掙脫台獨的劫持。中國大陸瞭解，在台獨背後有著國際強權的根本戰略背景，假如中國大陸沒有萬全的準備，任何對台獨的打擊，都會引起國際強權的反擊。只有展現一定的力量與準備，國際強權才可能知難而退，或是干涉而無法得逞。

這就是中國大陸武力保台的基本戰略運用，打擊台獨而不是攻打台灣，要讓台灣人民有機會站起來與台獨劃清界限，兩岸的和平統一共建中國的復興才能成功。中國大陸恐怕會選擇打擊台獨傾向的台商、政客與政治團體，做爲初步的手段，不過這種效果將是有限的，進一步的打擊將會難以避免。

目前，中國大陸軍方對於「點穴戰爭」有著高度的興趣與研究（這個名稱還要感謝林中斌博士的神來之筆），因此，推測中國大陸未來可能對台獨的軍事打擊，將是以影響台灣經濟與民生的打擊做爲手段，台灣的工業運作系統（如水、電、通訊系統）非常的脆弱。這樣，中國大陸可以在台灣人民無傷亡的狀況下，輕易的破壞台灣工業運作系統，導致台灣的金融市場恐慌性崩潰。這樣的代價最低，收效也最大，台灣人民與台灣經濟，絕對無法接受金融市場與外銷市場的崩潰打擊，而國際強權又實在無法以軍事干預台灣幾十根電塔遭到破壞的行動。

在這種情形之下，台獨的政府將會陷入民意唾棄的危機之中，台灣人民會選擇一個可以解決兩岸問題，讓人民過好日子的政府，這時候，李登輝的政治路線就會完全的失敗。因爲，台灣人民知道，成爲軟性台獨政客的人質，是對台灣具有毀滅性的威脅。

當然，假如台獨政府老羞成怒的宣佈戒嚴獨裁，禁止台灣人民的政治選擇與憲法權力呢？那麼中國大陸更可以名正言順的討伐台獨政府，台獨政府已經失去台灣人民的支持，台灣又在沒有水喝、沒有電用的情形下，軍隊如何在點著蠟燭的狀況下進行有效抵抗？

歷史寄望於台灣人民的選擇

特別是陳水扁政府的「統一無心、台獨無膽、暗獨待變、恃美拒談」的策略，很快就會走到絕境之上，時間也很快就會走到「一九九五年閏八月」的底線，中國大陸不會讓陳水扁的暗獨政策，無限期地拖下去，把台灣成功搞成中國的敵對地區。因爲中國大陸不會陷入兩岸軍備競爭的戰略泥淖之中，而在台海的戰略缺口上，耗盡中國發展的有限資源，一旦俄羅斯復興與日本重新武裝，一起在美國超強的聯合圍堵架構下，那麼中國就會在台灣問題上，陷入戰略包圍的態勢之中。中國不會忘記，韓戰的戰略陰謀與發展，讓台海分裂五十年的歷史教訓。

最爲重要的是，兩岸的政府與人民，要清楚兩岸統一的眞正障礙，是台獨分子而非台灣人民。目前，台灣人民已經成爲台獨政客的政治人質，所以，以果斷的選票行動，打擊台獨的陰謀，保障台灣人民的利益，正是歷史所寄望於台灣人民的選擇，和平統一之道無他，只在以打擊台獨做爲前提而已。台灣人民既然是堂堂正正的中華民國人民，打擊台獨是當然可以做得到的，是吧！

其實只要徹底消滅台獨，兩岸是否在近期內完成最終的統一，並不是「急迫」的事，而兩岸一旦全力攜手合作，以兩岸的實力與機遇，絕對會創造歷史無限可能性的大未來。

10 歷史的決定

假如我們放棄決定歷史的權力，那麼歷史將會決定我們的命運。

在過去的歷史中，台灣人民最大的悲情感覺是，台灣人對自己的命運沒有選擇的權力。但是，目前歷史正將台灣未來命運的選擇權，第一次交給台灣人，台灣人民可以選擇和平統一，台灣人民可以選擇棄絕台獨，台灣人民可以選擇中國復興的歷史提早來臨，台灣將會成爲中華歷史復興的太平洋之珠。

當然，台灣人民也可以做出反面的選擇，選擇台灣獨立，選擇與中華分裂，但是，在與中國復興的歷史潮流相衝突的情況下，結局是不問可知的。

歷史就是人類在選擇與被選擇之中所發展完成的故事，假如本書的看法正確，那麼面對兩岸局勢的發展，兩岸人民與政府，恐怕已經沒有多少迴避選擇的時間與空間。因爲歷史需要新的選擇，才能繼續發展下去。

假如兩岸還是維持過去一個中國的結構，那麼兩岸最終正式的統一與否，老實說，根本沒有時間的急迫感，別說再等個十年，就是再等五十年、甚至一百年，都沒有關係，因爲反正兩岸還是一個中國，讓兩岸有更多時間去進行交流與瞭解，中國的統一與中國的利益不會因此遭到眞正的損失。但是，目前兩岸事實上已經成爲台獨分裂中華的結構，那麼就連多等個一年半載的，都是對中國的主權與安全，對於歷史的責任與發展，造成莫大的威脅與傷害。

因此，對於中國大陸而言，繼續無限期的容忍台獨挑戰中國的安全與發展，讓中國大陸陷入軍備、外交的長期資源消耗之中，讓國際強權的反華力量合攏，讓台獨完全的「獨化」台灣，是絕對不可能被接受的綏靖政策，最終會讓台獨成為中國的心腹大患與惡性腫瘤。因此，和平統一的歷史機遇，在國際與台灣內部的氣候而言，可以說是稍縱即逝，因此，對於中國大陸統一有了急迫感，對於台獨「晚打不如早打」決心已下。

陳水扁的執政，已經代表台獨到了隨時可以化暗為明的時刻。暗獨待變的局勢，讓中國大陸反台獨的民意激盪，更是讓中南海日夜不安，因為只要台灣宣佈獨立，中南海不能在第一時間內採取決定性的摧毀行動，中國的民意會立刻支持民族主義的政治派系，翻掉中南海現在的領導班子。因此，打擊台獨「被動不如主動」，這已是中南海決策者的共識。

和平統一是一個長期的歷史過程

事實上，能夠讓台海避免歷史衝突危機的最佳選擇權，卻是操縱在台灣人民的手中，因爲只要台灣的政治人物與人民，能夠認同本書的觀點，那麼大家聯手，以民意與選票，做出「出賣台獨」的決定，台灣人民不但可以避免與台獨同歸於盡的歷史悲劇，同時還可以爲兩岸開創一個完全光明的未來。

假如多數的台灣人民，不能同意本書的觀點，那麼台灣人民也要清楚的瞭解，全球華人與中國大陸，絕對不會接受台獨分裂或是兩岸無限拖延的政策，台灣可能要面臨與台獨同歸於盡的歷史悲情。面對國力蒸蒸日上的中國大陸，台獨的力量或是國際強權的艦隊，都無法對台灣提供安全的保證，特別是國際強權的介入，必然會與中國大陸，形成它們的「境外」（台灣的「境內」）決戰戰場，由於參戰雙方都是世界級的軍事強國，因此，台灣可能會遭到近乎毀滅性的損失。

現在是所有的台灣人民，應當勇敢的站起來面對自己的眞實身分與身世，承認中國是我們的父親、台灣是我們的母親，台灣人民在面對中國復興歷史的機遇與挑戰時，大膽的對台獨說「不」。而這是台灣政治結構優越的地方，每個公民都握有決定自己命運的選票，只要台灣人民不甘心與台獨同歸於盡，只要台灣人民願意爲中國歷史盛世的來到而打拚，台灣人民是可以用選票，輕易地改變自己的命運。問題的關鍵是，台灣人民要立刻有行動。

統一是平等的結合

所謂兩岸和平統一，絕對不是台灣向中國大陸的投降（本來就是一個國家嘛，統一如何是投降呢？）或是由中國大陸吃掉台灣，讓台灣成爲中國大陸一個特別行政區而已，因爲統一是兩岸中國人共同的責任與權力，不是中國大陸單方面的立場與要求。事實上，兩岸和平統一是一個歷史長期的過程，在開始時，只是兩岸共同棄絕台獨，接受一個中國的原則而已。接著兩岸進行更多更大的經貿、文化與民間交流，包括三通四流等有益於兩岸人民生活水準提高的合作，兩岸的經濟一旦接軌，將會爆發出全球最大的發展力，大中華經濟圈將會領導東亞的經濟發展，兩岸人民的生活將會得到全面的提升與改善。

接著，在兩岸交流互助的基礎上，兩岸開始談判統一的流程，與尋求一個中國內涵的共識，兩岸眞正的統一，是建立在雙方更多的交流與合作之上，兩岸軍事和平與外交的合作都是可以著手的議題。台灣在談判的過程中，可以一直保持自己自衛的力量，絕對無需繳械，兩岸兩軍反而可以共同舉行演習與協防，收回中國的領土——釣魚台與南沙群島。直到幾十年後，兩岸完全的統一，兩軍重組。

至於一個中國的內涵，個人期待是一個妥協，那就是中華民國與中華人民共和國的階段性歷史任務已經完成，統一之後的兩岸，可以共商成立一個新的中國，台灣人民有權力管理自己的事務，擁有自己的法律系統、自己發行貨幣、自己選舉政府，中國大陸絕對不干預台灣內部的事務，不派遣人員擔任台灣的官員，反而是台灣人民可以在中國大陸擔任政府職務，貢獻自己的經驗。兩岸的政治制度互相學習，不斷地調整，拉近差距。但是在國際社會上，一致對外維護中國的利益，促進世界的和平與發展。

等到兩岸的交流已經達到新中國的構建水準，兩岸再談更爲密切的統一結構。這至少已是三十年，甚至是五十年以後的事情。

台灣該做什麼？

當中國的太平洋艦隊開始在台灣設立基地之時，當中國大陸富強民主文明的制度落實之後，就是中國進入太平洋世紀的歷史盛世之日，台灣將是中國的太平洋之珠，爲中國與東亞的未來，綻放出耀眼的光芒，協助中國歷史騰飛進入一個巔峰的時代。

但是，台灣人民若是不能棄絕台獨，任由台獨政客玩弄文字遊戲，那麼台灣恐怕終將面臨與台獨同歸於盡的歷史悲劇，而且絕對沒有僥倖的可能。

因此，這不僅是一本提供讀者意見討論的書，而是提供台灣人民做出命運選擇的書，歷史給台灣人民選擇和平與復興的時間非常有限，歷史隨時可以出現急轉直下的變化，只有行動可以改變兩岸的歷史與命運。

也許台灣人民最爲懇切的一個問題是「我們應該怎麼做？」這就需要眞正愛台灣的政治組織與政治人物，爲了台灣、爲了兩岸，挺身而出的公開棄絕台獨，領導不甘同歸於盡的台灣人民結合，把凡是不接受一個中國原則，不追求兩岸統一的政黨與政客，全部罷免，換上支持統一與民主的政黨與政治人物，絕對不能聽這些政客的「統獨文字遊戲」詭辯，台灣人不是給政客騙大的。

台灣人民罷免台獨政客也是有例可循的，台灣人民不是曾經把李登輝給逼下台嗎？這次不過是換個方式，繼續實踐主權在民的力量。台灣同胞們，千萬要採取行動，不能因循苟安而與台獨同歸於盡，而讓台獨政客拿著大家的血汗錢，跑到台獨宗主國去「決戰境外」。台灣人民更要進一步的選舉支持統一的政黨與政治人物，爲兩岸的統一歷史大業，做出歷史的貢獻。這樣不但台海無危機，兩岸反而有無窮的生機。東亞的歷史與世界的發展，都因中國的統一與復興，而得到和平與繁榮。

目前，歷史第一次將命運的選擇，交給了台灣人民，為了台灣、為了中國、為了東亞、為了世界，台灣人民當然知道應該如何的選擇。勇敢的出賣台獨，台灣將永遠不會再有閏八月的恐懼。

而作者也懇切的期待，全球的中國人，都能站在台灣人民的這一邊，以各種方式支持與聲援台灣人民走出台獨的恐怖陰影，做出兩岸和平統一的歷史偉大決定。因為這是所有中國人共同的責任與願望，不能讓台灣人民單獨的承擔選擇的重擔。

絕不同歸於盡

作　　者／鄭浪平、余保台
出 版 者／生智文化事業有限公司
發 行 人／林新倫
登 記 證／局版北市業字第677號
地　　址／台北市新生南路三段88號5樓之6
電　　話／(02)2366-0309　2366-0313
傳　　真／(02)2366-0310
E - mail ／tn605547@ms6.tisnet.net.tw
網　　址／http://www.ycrc.com.tw
郵政劃撥／1453497-6
户　　名／揚智文化事業股份有限公司
印　　刷／鼎易印刷事業股份有限公司
法律顧問／北辰著作權事務所　蕭雄淋律師
I S B N／957-818-217-1
初版一刷／2000年12月
定　　價／新臺幣280元

總 經 銷／揚智文化事業股份有限公司
地　　址／台北市新生南路三段88號5樓之6
電　　話／(02)2366-0309　2366-0313
傳　　真／(02)2366-0310

國家圖書館出版品預行編目資料

絕不同歸於盡／鄭浪平，余保台合著.--初版.--臺北市：生智，2000〔民89〕

面： 公分

ISBN 957-818-217-1（平裝）

1.政治－中國 2.兩岸關係

573.09 89015608